OPUSCOLI ACCADEMICI
Editi a cura della Facoltà di Lettere e Filosofia
dell'Università di Padova
21

GIAN FRANCO FRIGO
GIUSEPPE VELLUCCI

UNITÀ O DUALITÀ DELLA *COMMEDIA*

IL DIBATTITO SU DANTE DA SCHELLING AD AUERBACH

Con testi di
F.W.J. Schelling e F. Bouterwek

FIRENZE
LEO S. OLSCHKI EDITORE
MCMXCIV

La ricerca è stata condotta con i fondi erogati dal M.U.R.S.T. 40%.
Il volume è pubblicato con i contributi dell'Istituto di Filosofia e dell'Istituto di Filologia e letteratura italiana dell'Università di Padova.

ISBN 88 222 4202 5

a Luigi Pareyson,
in memoria

Gian Franco Frigo

ALLE ORIGINI DELL'INTERPRETAZIONE ROMANTICA DELLA *DIVINA COMMEDIA*

1. Viene qui data la traduzione delle pagine di Friedrich Wilhelm Joseph Schelling[1] e di Friedrich Bouterwek[2] riguardanti la

---

[1] Per un inquadramento generale della figura e del complesso pensiero di Schelling, si vedano l'agile compendio: *Schelling. Presentazione e antologia* (Torino, 1975) di Luigi Pareyson, e la magistrale trattazione biografica e filosofica di Xavier Tilliette, *Schelling. Une philosophie en devenir*, 2 voll., Paris, 1970 (2 éd. revue et augmentée, Paris, 1992).

Per le opere si ricorre all'edizione Friedrich Wilhelm Joseph von Schelling, *Sämmtliche Werke*. [Hrsg. von Karl Friedrich August Schelling], Stuttgart und Augsburg, Cotta, 1856-1861, (cit. *SW* I-XIV). L'epistolario è citato dall'edizione F. W. J. Schelling, *Briefe und Dokumente*. Hrsg. von Horst Fuhrmans, vol. 1: *1775-1809*, Bonn, 1961; vol. 2: *1775-1803. Zusatzband*, Bonn, 1973; vol. 3: *1803-1809. Zusatzband*, Bonn, 1975 (cit. *Fuhrmans* I-III).

[2] Friedrich Bouterwek (1766-1828), filosofo, storico della letteratura e scrittore, godette in vita di una discreta notorietà. Si era formato a Gottinga, dove, oltre alla giurisprudenza, aveva studiato filologia con Christian Gottlob Heyne e filosofia con Johann Georg Heinrich Feder. Nel 1789, diventato 'Privatdozent', aveva cominciato a diffondere la nuova filosofia kantiana (*Anzeige einer Vorlesung über die Kantische Philosophie*, Göttingen, 1792; *Aphorismen den Freunden der Vernunftcritik nach Kants Lehre vorgelegt*, Göttingen, 1793); ben presto però si era convinto che occorresse dare una base realistica al formalismo kantiano (*Idee einer Apodiktik. Ein Beytrag zur menschlichen Selbstverständigung und zur Entscheidung des Streits über Metaphysik, kritische Philosophie und Skepticismus*, 2 voll., Halle, Renger, 1799; e *Anfangsgründe der speculativen Philosophie. Versuch eines Lehrbuchs*, Göttingen, Dieterich, 1800, per i quali si veda la recensione di Hegel nella «Erlanger Literatur-Zeitung» (1801, vol. 2, nn. 181 e 182, coll. 1441-1448, 1449-1451), ora in G. W. F. Hegel, *Gesammelte Werke*. Hrsg. im Auftrag der Deutschen Forschungsgemeinschaft. Vol. 4: *Jenaer Kritische Schriften*. Hrsg. von Hartmut Buchner und Otto Pöggeler, Hamburg, 1968, pp. 95-105), per approdare, sotto l'influsso di Friedrich Heinrich Jacobi, a quello che egli definì «virtualismo», una dottrina la quale sosteneva che soggetto e oggetto sono intuiti come unità e rappresentano la virtualità assoluta (*Lehrbuch der philosophischen Vorkenntnisse*, Göttingen, 1810; *Lehrbuch der philosophischen Wissenschaften*, 2 voll., Göttingen, 1813; *Religion und Vernunft. Ideen zur Beschleunigung der Fortschritte einer haltbaren Religionsphilosophie*, Göttingen, 1824).

Al di fuori dell'ambito filosofico, la sua fama era legata al romanzo di successo *Graf Donamar. Briefe geschrieben zur Zeit des siebenjährigen Krieges* (Frankfurt – Leipzig, 1792-

Divina Commedia di Dante; e precisamente: di Schelling: *Dante e l'epica moderna*, un brano tratto dalla *Philosophie der Kunst (Filosofia dell'arte)*;[3] il saggio *Ueber Dante in philosophischer Beziehung (Dante sotto l'aspetto filosofico)*, originariamente appartenente alle lezioni sulla *Philosophie der Kunst*, ma dall'Autore pubblicato a parte nel «Kritisches Journal der Philosophie» nel 1803;[4] *Contro*

1793; ristampa: Frankfurt a. M., 1969-1970), al suo fortunato corso di estetica (*Ästhetik*, Leipzig, Martini, 1806; Wien - Prag, Hans, 1807; Göttingen, 1815; ristampa: Hildesheim, 1976); ma, soprattutto, alla monumentale *Geschichte der Poesie und Beredsamkeit* (12 voll., Göttingen, Röwer, 1801-1819).

Su di lui si vedano l'autobiografico *Der Verfasser. Eine litterarische Biographie*, in F. Bouterwek, *Kleine Schriften philosophischen, ästhetischen und literarischen Inhalts*, Göttingen, Dieterich, 1818, vol. 1, (ristampa: Hildesheim, 1975), pp. 1-50; Henke, *s. v.*, in *Allgemeine Deutsche Biographie*, vol. 3, Leipzig, 1876. coll. 213-216; e H. Zeltner, *s.v.*, in *Neue Deutsche Biographie*, vol. 2, Berlin, 1955, coll. 492-493.

[3] F. W. J. Schelling, *Philosophie der Kunst. (Aus dem handschriftlichen Nachlaß)*, in *SW* V, pp. 683-687. Il titolo, *Dante e l'epica moderna*, è del traduttore. Il testo della *Filosofia dell'arte* riproduce le lezioni tenute da Schelling per la prima volta all'Università di Jena nel semestre invernale 1802/03 (cfr. l'annuncio nell'*Offizielles Vorlesungsverzeichnis der Universität zu Jena*, cit. in *Schellingiana rariora*. Gesammelt und eingel. von Luigi Pareyson, Torino, 1977, pp. 159-161), e successivamente all'Università di Würzburg (semestri estivi 1804 e 1805 e semestre invernale 1805/06, cfr. *Fuhrmans* III, pp. 630-632), e pubblicate postume nel 1859, a cura del figlio, in *SW* V, pp. 353-736. L'editore fa presente che il padre attinse a questo materiale anche per altri corsi (*SW* V, p. v) e che esso confluì in seguito nelle lezioni VIII, IX e XIV delle *Vorlesungen über die Methode des akademischen Studiums (Lezioni sul metodo dello studio accademico)*, pubblicate a Tübingen nel 1803 (e, successivamente, in *SW* V, pp. 207-352); la lezione XIV «è anzi una riproduzione quasi letterale dell'introduzione della *Filosofia dell'arte*» (*SW* V, p. v). Del corso di Jena possediamo una *Nachschrift*, che arriva fino alla trattazione della pittura e riporta un'appendice sull'«Opposizione tra paganesimo e cristianesimo» e quattro schemi sulla filosofia e le arti, dovuta all'inglese Henry Crabb Robinson (1775-1867), ora pubblicata in E. Behler, *Schellings Ästhetik in der Überlieferung von Henry Crabb Robinson*, «Philosophisches Jahrbuch», 83 (1976), pp. 133-183 (il testo è alle pp. 153-183). Un'altra *Nachschrift* è conservata nell'Universitätsbibliothek di Würzburg (segn.: M. ch. q. 308) con il titolo *Schellings Ästhetik* (cfr. *Fuhrmans* III, p. 634).

Sulla genesi della *Philosophie der Kunst* e sull'influenza dell'ambiente romantico è particolarmente illuminante lo scambio epistolare tra Schelling e August Wilhelm Schlegel, allora trasferitosi a Berlino: si vedano soprattutto le lettere del 16 luglio 1802 (*Fuhrmans* II, pp. 412-413), del 3 settembre 1802, (*Fuhrmans* II, pp. 435-437), del 1 novembre 1802 (*Fuhrmans* II, pp. 468-469), del 29 novembre 1802 (*Fuhrmans* II, p. 470). Ulteriore luce forniscono quelle a Karl Joseph Hieronymus Windschmann (1715-1839) del 1 dicembre 1802 (*Fuhrmans* II, p. 473), del 7 gennaio 1803 (*Fuhrmans* II, p. 478) e del 21 gennaio 1803 (*Fuhrmans* II, pp. 483-484).

[4] *Ueber Dante in philosophischer Beziehung*, in «Kritisches Journal der Philosophie. Hrsg. von Fr. Wilh. Joseph Schelling und Ge. Wilh. Fr. Hegel», vol. 2, Stück 3, Tübingen, 1803, pp. 35-52 (ristampa: Hildesheim, 1967). Il saggio fu ripubblicato in *SW* V, pp. 152-163, e recentemente in Hegel, *Jenaer Kritische Schriften...*, pp. 486-493.

In una nota alla *Philosophie der Kunst*, l'editore ricorda che «Il brano che ora segue nel manoscritto, la *Divina Commedia di Dante*» (*SW* V, p. 687 n.), era riportato, assieme agli altri saggi tratti dal «Kritisches Journal», nello stesso vol. V (pp. 152-163); mentre nel «Vorwort» allo stesso volume fa presente che il saggio rappresentava «una ristampa quasi

Bouterwek, breve appendice polemica al saggio precedente;[5] di Bouterwek: *La Divina Commedia di Dante*, parte conclusiva dell'ampio capitolo dedicato all'Alighieri nella sua *Storia della poesia e dell'eloquenza italiana*[6].

I testi sono quasi contemporanei: primo, quello di Bouterwek che è del 1801; immediatamente successivi, quelli di Schelling, scritti tra il 1802 e il 1803, anche se la *Filosofia dell'arte* fu pubblicata postuma. Identico ne è l'argomento: l'importanza del poema dantesco per le letterature moderne, o 'romantiche', come si diceva allora; molto diverse sono, invece, le categorie interpretative. Per la loro importanza la figura e l'opera di Dante venivano quasi a coincidere con l''epoca di mezzo' e ad essere, quindi, condizionate dal generale giudizio su di essa.[7]

---

letterale dalla *Filosofia dell'arte*; i piccoli cambiamenti sono del tipo di quelli che comporta l'insignificante rielaborazione di un testo già pronto: furono cancellate piccole ridondanze, parecchie frasi diversamente ordinate, tralasciata qualche altra citazione dantesca» (*SW* V, p. v).

[5] Il titolo è del traduttore, nel «Kritisches Journal» il brano compare come «Anhang II» (vol. 2, Stück 3, pp. 57-59; ora anche in *Jenaer Kritische Schriften*, pp. 497-498; e in *Schellingiana rariora*, pp. 175-177). Questa «Appendice» non fu invece accolta nei *SW*; una nota dell'editore avverte: «Come appendice a questo saggio [*Ueber Dante in philosophischer Beziehung*] o, più precisamente, come corrispettivo della sua interpretazione, l'autore aveva presentato alla fine del «Kritisches Journal» il punto di vista di Bouterwek. La nota, come pure un'altra di contenuto affine, è stata omessa e si può leggere al luogo indicato» (*SW* V, p. 163 n. 1). L'«Appendice» è qui tradotta per la prima volta.

[6] F. Bouterwek, *Geschichte der italienischen Poesie und der Beredsamkeit*, in *Geschichte der Poesie und der Beredsamkeit seit dem Ende des dreizehnten Jahrhunderts (Storia della poesia e dell'eloquenza a partire dalla fine del XIII secolo)*, vol. 1-2, Göttingen, Röwer, 1801-1802, qui, vol. 1, pp. 93-132. L'intera opera, che comprende 12 volumi (Göttingen, 1801-1819), costituisce la Terza Parte (*Geschichte der schönen Wissenschaften*) della monumentale *Geschichte der Künste und Wissenschaften seit der Wiederherstellung derselben bis an das Ende des achtzehnten Jahrhunderts (Storia delle arti e delle scienze dalla loro rinascita fino alla fine del XVIII secolo)* realizzata da una Società di dotti sotto gli auspici dell'Università di Gottinga. Il brano è qui tradotto per la prima volta.

[7] Sull'origine della categoria storiografica di Medioevo e sull'iniziale valore polemico di cui è connotata, si vedano W. Freund, *Modernus und andere Zeitbegriffe des Mittelalters*, Köln-Graz, 1957; A. Buck, *Aus der Vorgeschichte der Querelle des Anciens et des Modernes im Mittelalter und Renaissance*, in: *Die humanistische Tradition in der Romania*, Bad Homburg, 1968; E. Garin, *Età buie e rinascita: un problema di confini*, in: Id., *Rinascite e rivoluzioni. Movimenti culturali dal XIV al XVIII secolo*, Roma-Bari, 1976, pp. 3-88 e *Alle origini del concetto di filosofia scolastica*, in: Id., *La cultura filosofica del Rinascimento italiano. Ricerche e documenti*, Firenze, 1961, pp. 466-479; e R. Koselleck, *Vergangene Zukunft. Zur Semantik geschichtlicher Zeiten*, Frankfurt a. M., 1979, pp. 17-86, 300-348 (*Futuro passato. Per una semantica dei tempi storici*, trad. it., di A. Marietti Solmi, Genova, 1986, pp. 11-87, 258-299).

Schelling assume e sviluppa in queste pagine quelle nuove categorie filosofico-estetiche[8] che Immanuel Kant,[9] Friedrich Schiller[10] e i fratelli Schlegel, August Wilhelm[11] e Friedrich,[12] avevano

---

[8] La bibliografia sull'estetica di Schelling è ormai ampia: se ne veda un aggiornato elenco in PAREYSON, *Schelling...*, pp. 116-118; in H. ZELTNER, *Schelling-Forschung seit 1954*, Darmstadt, 1975, pp. 25-29. Tra gli ultimi saggi, si vedano R. ASSUNTO, *Estetica dell'identità. Lettura della Filosofia dell'arte di Schelling*, Urbino, 1962; D. JAHNIG, *Schelling. Die Kunst in der Philosophie. 2: Die Wahrheitsfunktion der Kunst*, Pfullingen, 1969; TILLIETTE, *Schelling...*, vol. 1, pp. 439-471 e *Schelling als Philosoph der Kunst*, «Philosophisches Jahrbuch», 83 (1973), pp. 30-41; J. HENNIGFELD, *Mythos und Poesie. Interpretationen zu Schellings «Philosophie der Kunst» und «Philosophie der Mythologie»*, Meisenheim, 1973; H. PAETZOLD, *Kunst als Organon der Philosophie. Zur Problematik des ästhetischen Absolutismus*, in: *Romantik in Deutschland. Ein interdisziplinäres Symposion*. Hrsg. von R. Brinkmann, Stuttgart, 1978 («Deutsche Vierteljahrsschrift für Literaturwissenschaft und Geistesgeschichte», Sonderband), pp. 392-403; W. CH. ZIMMERLI, *Schellings Deduktion eines allgemeinen Organs der Philosophie als Bindeglied zwischen romantischer Kunstauffassung und der Neubegründung der Dialektik in Hegels Jenaer Philosophie*, in: *Romantik in Deutschland...*, pp.404-420; e W. MENNINGHAUS, *Unendiliche Verdopplung. Die frühromantische Kunsttheorie im Begriff absoluter Selbstreflexion*, Frankfurt a. M., 1987.

[9] La *Critica della ragion pura (Critik der reinen Vernunft*, Riga, Hartknock, 1781, 1787²) affermava quella «rivoluzione copernicana» che, al di là dell'ambito puramente gnoseologico, fondava l'autonomia dell'uomo nel mondo. Conseguenze altrettanto rivoluzionarie ebbe la *Critica del Giudizio (Critik der Urtheilskraft*, Berlin und Libau, Lagarde und Frederich, 1790) per quanto riguardava la comprensione finalistica della natura e la teorizzazione dell'attività estetica. A questo proposito si vedano L. PAREYSON, *L'estetica dell'idealismo tedesco*. I: *Kant, Schiller, Fichte*, Torino, 1950; O. MARQUARD, *Kant und die Wende zur Ästhetik*, «Zeitschrift für philosophische Forschung» 16 (1962), pp. 231-243, 363-374; R. ASSUNTO, *Libertà nel regno della necessità*, «De Homine», 1969, nn. 31-32, pp. 119-154; J. KOPPER, *Les différentes formes de compréhension de la beauté chez Kant*, «Revue de Métaphysique et de Morale», 78 (1973), pp. 32-44; S. POGGI, *Teleologia, spiegazione scientifica e materialismo dialettico in alcune interpretazioni della 'Kritik der Urteilskraft'*, «Rivista di filosofia», 67 (1976), pp. 497-521.

[10] F. SCHILLER, *Ueber naive und sentimentalische Dichtung*, «Die Horen. Eine Zeitschrift hrsg. von Schiller», 1795, Stücke 11 e 12; 1796, Stück 12, ora in F. SCHILLER, *Sämtliche Werke*. Auf Grund der Originaldrucke hrsg. von G. Fricke und H. G. Göpfert, München, 1975, vol. 5, pp. 694-780. Sull'argomento si vedano R. BRINKMANN, *Romantische Dichtungstheorie in Fr. Schlegels Frühschriften und Schillers Begriffe des Naiven und Sentimentalischen*, «Deutsche Vierteljahrsschrift für Literaturwissenschaft und Geistesgeschichte», 32 (1958), pp. 344-371; P. SZONDI, *Das Naive ist das Sentimentalische. Zur Begriffsdialektik in Schillers Abhandlung*, in: ID., *Schriften II*. Redaktion W. Fietkau, Frankfurt a. M., 1978, pp. 59-105 (*L'ingenuo è il sentimentale. Dialettica concettuale del saggio schilleriano*, in ID., *Poetica dell'idealismo tedesco*, trad. it., di R. Buzzo Margari, Torino, 1974, pp. 45-90); U. PERONE, *Schiller: un abbozzo di filosofia della storia*, in: *Romanticismo esistenzialismo ontologia della libertà*, Milano, 1979, pp. 7-20; R. SAVIANE, *Il sentimentale è il sublime. Appunti sull'estetica di Schiller*, in ID., *Goethezeit. Studi di letteratura tedesca classico-romantica*, Napoli, 1987, pp. 129-227.

[11] L'importanza di August Wilhelm Schlegel (1767-1845) come critico e come studioso delle letterature antica e moderna è difficilmente sottovalutabile. Per quanto riguarda il nostro argomento, si veda *Ueber des Dante Alighieri Göttliche Comödie*, in: «Akademie der schönen Redekünste. Hrsg. von G. A. Bürger», 1791, pp. 239-301. («Era un lavoro – scriverà Rudolf Haym – che meritò il plauso di Herder, poiché era pensato nello spirito herderiano e nella sua maniera, ma scritto con più calma, con più rigore filologico e con

elaborato in modo diverso, e che attribuivano al mondo medievale – identificato più in generale con quello moderno – un proprio statuto e una propria dignità, non più commisurati su quelli della classicità. Grazie a queste nuove categorie, prende forma una

---

meno calore. L'autore vuol ricavare di sotto il travestimento monacale il valore poetico del suo poeta prediletto che fu più di tutti gli altri lontano dallo spirito del tempo e, quando gli si fosse assicurato il riconoscimento, doveva allargare notevolmente l'orizzonte dell'estetica tedesca». R. HAYM, *La Scuola romantica. Contributo alla storia dello spirito tedesco*. Presentazione e traduzione di E. Pocar, Milano-Napoli, 1965, p. 147 (= *Die romantische Schule. Ein Beitrag zur Geschichte des deutschen Geistes*, Berlin, 1870, pp. 148-149). Nelle varie riviste «Akademie der schönen Redekünste» (1791), nelle «Horen» (1795) e nel «Gesang in der Erholungen» (1796-1797) apparvero le sue traduzioni dalla *Divina Commedia* (ora in A. W. SCHLEGEL, *Sämmtliche Werke*. Hrsg. von Eduard Böcking. vol. 3: *Poetische Uebersetzungen und Nachbildungen nebst Erläuterungen und Abhandlungen*. 1. Th., Leipzig, Weidmann, 1846 (ristampa: Hildesheim, 1971), pp. 199-381) che, assieme a quelle di diversi altri poeti, vennero poi raccolte nei *Blumensträuße italienischer, spanischer und portugiesischer Poesie* (Berlin, 1804; ristampati, a cura di K. G. Wendriner, Berlin, 1913).

Le sue idee più originali, che non assunsero mai una forma sistematica, sono consegnate alle pagine della rivista, pubblicata assieme al fratello, «Athenäum. Eine Zeitschrift von August Wilhelm Schlegel und Friedrich Schlegel», Berlin, 1798-1800 (rist.: Darmstadt, 1977). Molta fortuna avranno le sue *Vorlesungen über dramatische Kunst und Literatur* (Heidelberg, 1809-1811), che furono prontamente tradotte in francese (*Cours de littérature dramatique*, Paris - Genève, Paschoud, 1814), in inglese (*Lectures on Dramatic Literature*. Translated from the German by John Black, London, Baldwin, 1815, 1840^2, e in italiano (*Corso di letteratura drammatica*. Traduzione italiana con note di Giovanni Gherardini, Milano, 1817; 2 ed. riveduta, Milano, 1844; nuova edizione a cura di Mario Puppo, Genova, 1977).

[12] Altrettanto versatile, ma più geniale del fratello, Friedrich Schlegel (1772-1828) dimostrò una spiccata inclinazione a una elaborazione filosofica dei problemi estetici, in particolare di quello del rapporto tra mondo classico e mondo moderno tentato nel saggio *Ueber das Studium der griechischen Poesie*, in: *Die Griechen und Römer. Historische und kritische Versuche über das klassische Alterthum* (Neustrelitz, Michaelis, 1797, ora in: *Kritische Friedrich-Schlegel-Ausgabe*. Hrsg. von E. Behler unter Mitwirkung von J.-J. Anstett und Hans Eichner. Vol. 1: *Studien des klassischen Altertums*. Eingeleitet und hrsg. von E. Behler, Paderborn-München-Wien, 1979, pp. 203-367 (= *Sullo studio della poesia greca*, a cura di A. Lavagetto, con un saggio di G. Baioni, Napoli, 1988, pp. 65-167). Cfr. SZONDI, *Friedrich Schlegel und die romantische Ironie* (1954) e *Friedrich Schlegels Theorie der Dichtarten* (1968), ora in: ID., *Schriften II*..., pp. 11-58 (= *Friedrich Schlegel e l'ironia romantica* e *La teoria dei generi poetici in Friedrich Schlegel*, in: *Poetica dell'idealismo*..., pp. 91-136); A. GROSSE-BROCKHOFF, *Das Konzept des Klassischen bei Friedrich und August Wilhelm Schlegel*, Köln-Wien, 1981; G. BRAUN, *Norm und Geschichtlichkeit der Dichtung. Klassisch-romantische Ästhetik und moderne Literatur*, Berlin-New York, 1983; R. BRANDT, *Zur Dichtungstheorie des frühen Friedrich Schlegel*, «Zeitschrift für philosophische Forschung», 32 (1978), pp. 567-577.

Una tappa importante per l'elaborazione delle teorie romantiche è rappresentata dal suo saggio *Gespräch über die Poesie*, apparso sull'«Athenäum» nel 1800 (ora in: *Kritische Friedrich-Schlegel-Ausgabe*. Vol. 3: *Charakteristiken und Kritiken. I. (1796-1801)*. Hrsg. und eingel. von H. Eichner, Paderborn-München-Wien, 1967, pp. 284-362; e in traduzione in: ID., *Frammenti critici e scritti di estetica*, a cura di V. Santoli, Firenze, 1967^2, pp. 157-235), frutto dei colloqui tra i componenti del gruppo romantico jenese. Ma la sua attività e la sua influenza non si limitarono al campo letterario (il suo romanzo *Lucinde*, Berlin, 1799, diventò il manifesto di esasperati atteggiamenti anticonvenzionali), o a quello critico-storico (la sua *Geschichte der alten und neuen Literatur*, Wien, 1814 ebbe grande risonuova filosofia della storia che, partendo dall'iniziale contrapposizione tra 'natura' (gli Antichi) e 'artificio' (i Moderni), arriva a riconoscere la storicità di entrambe le posizioni, e a ricercare le cause della diversità nelle differenti condizioni sociali politiche culturali che ne stanno alla base. La rimpianta 'totalità' degli Antichi e la sofferta 'scissione' dei Moderni finiscono così per dimostrarsi relative e reciprocamente rinviantisi. Con la presa di coscienza di questa 'dialettica' storica si può considerare chiusa la *Querelle des Anciens et des Modernes* che, a partire dalla seconda metà del Seicento, aveva dibattuto *sub specie litteraria* temi estetici, storici e filosofici ben più profondi e rilevanti del semplice confronto tra classici e moderni e del modo di valutarlo.[13]

Al contrario, Friedrich Bouterwek, pur se associato, specie al di fuori della Germania, al contemporaneo movimento romantico, non ne condivide le categorie più importanti.[14] Dapprima aperto al kantismo, di cui si fa esegeta e propagatore,[15] Bouterwek finisce poi per accostarsi alle tesi 'fideistiche' di Friedrich Jacobi[16] e per

---

nanza e diffusione, anche tra noi, cfr. la trad. di F. Ambrosoli, *Storia della letteratura antica e moderna. Storia universale della letteratura*, Milano, 1828), ma toccò anche con penetrazione e successo lo studio della pittura tardo-medievale renano-fiamminga (*Gemäldebeschreibungen aus Paris und den Niederlanden in den Jahren 1802-1804*, apparse dapprima su «Europa», Frankfurt a. M., 1803-1805, ora in: *Kritische Friedrich-Schlegel-Ausgabe*. Vol. 4: *Ansichten und Ideen von der christlichen Kunst*. Hrsg. und eingel. von H. Eichner, Paderborn-München-Wien, 1959, pp. 3-152).

[13] Sull'argomento si vedano, più in generale, H. BARON, *The Querelle of the Ancients and the Moderns as a Problem for Renaissance Scholarship*, «Journal of the History of Ideas», 20 (1959), pp. 3-22; W. KRAUSS - H. KORTUM, *Antike und Moderne in der Literaturdiskussion des 18. Jahrhunderts*, Berlin, 1966; più in particolare, A. EMMERSLEBEN, *Die Antike in der romantischen Theorie. Die Gebrüder Schlegel und die Antike*, Berlin, 1937; H. R. JAUSS, *Schlegels und Schillers Replik auf die «Querelle des Anciens et des Modernes»*, in: ID., *Literaturgeschichte als Provokation*, Frankfurt a. M., 1970, pp. 67-106.

[14] Significativa la lunga recensione che dei primi due volumi della *Geschichte der Poesie* fa Giovanni Berchet sull'organo dei romantici italiani, «Il Conciliatore» (riedizione a cura di V. Branca, Firenze, 1954, vol. 1. n. 9, 1 ottobre 1818, pp. 145-154; n. 13, 15 ottobre 1818, pp. 212-222; n. 21, 12 novembre 1818, pp. 329-340), in cui Bouterwek viene presentato come uno studioso «già tanto conosciuto in Europa, che sarebbe un far torto ai colti italiani dir loro chi egli sia» (p. 145, nota 3). In realtà, come osserva Vittore Branca, «Federico Bouterwek [...] fu con gli Schlegel e la Staël uno dei teorici più citati nel *Conciliatore* per la sua *Storia della poesia e dell'eloquenza* tradotta nel 1817» (p. 4, nota 1). Di tale traduzione non sono riuscito a trovare notizie più precise.

[15] Come ha osservato Luigi Marino, Bouterwek «è senza dubbio il filosofo più originale» nell'ambiente gottinghese dell'ultimo decennio del Settecento e dei primi anni dell'Ottocento, prima cioè che arrivassero Friedrich Herbart (1802) e Gottlob Ernst Schulze (1810) (L. MARINO, *I maestri della Germania. Göttingen 1770-1820*, Torino, 1975, p. 185).

[16] Oltre alle opere citate alla nota 2, si vedano i *Friedr. Hein. Jacobi's Briefe an Friedr. Bouterwek aus den Jahren 1800 bis 1819*. Hrsg. von W. Mejer, Göttingen, 1868; e C. C. F. KRAUSE, *Ergebniss der Kritik der religionsphilosophischen Lehren Jacobi's und Bouter-*

porsi in un atteggiamento di chiusura polemica nei riguardi dell'intero sviluppo del pensiero moderno, il cui superamento è visto unicamente come sua radicale negazione.[17] Le sue eccezionali qualità di divulgatore, la vasta conoscenza delle letterature moderne, l'acuta sensibilità per i problemi estetici poterono dargli un passeggero successo,[18] ma non riuscirono a incidere significativamente sul grandioso sviluppo delle idee della Germania del tempo.[19] Di questa fondamentale diversità di posizioni, l'interpretazione della *Divina Commedia* diventa l'elemento rivelatore in quanto l'opera dantesca finisce per identificarsi con un'intera epoca, il Medioevo, bollato a partire dal Rinascimento quale «epoca buia»,[20] ma dai Romantici salutato come momento di un'originale elaborazione politico-filosofica che sta a fondamento del

---

wek's. Besonder Abdruck aus *K. C. L. F. Krause's absoluter Religionsphilosophie*, Göttingen, 1843.

Sull'importante ruolo che Friedrich Heinrich Jacobi (1743-1819) riveste nella cultura del tempo, si vedano V. VERRA, *F. H. Jacobi. Dall'Illuminismo all'idealismo*, Torino, 1963; *Friedrich Heinrich Jacobi. Philosoph und Literat der Goethezeit.* Hrsg. von K. Hammacher, Frankfurt a. M. 1971; H. TIMM, *Gott und die Freiheit. Studien zur Religionsphilosophie der Goethezeit.* Vol. 1: *Die Spinozismusrenaissance*, Frankfurt a. M., 1974.

17 Sulla nuova posizione intervenne subito in maniera critica Carl Leonhard Reinhold con l'articolo: *Die erste Aufgabe der Philosophie in ihren merkwürdigsten Auflösungen.* VI: *Bouterweks Apodiktik* («Beyträge zur leichtern Uebersicht des Zustandes der Philosophie beym Anfange des 19. Jahrhunderts», Heft 3, Hamburg, 1802, pp. 210-226); più recentemente è ritornato sulla posizione di Bouterwek, Antonio Banfi con *L'apodittica di Fr. Bouterwek*, ora in A. BANFI, *Esegesi e letture kantiane*. Vol. 2: *Studi critici su Kant e il kantismo*, a cura di L. Rossi, Urbino, 1969, pp. 99-163.

18 Oltre alla già citata *Aesthetik*, l'opera che ebbe maggior risonanza fu proprio la *Geschichte der Poesie*, il cui IV vol. riguardante la letteratura iberica (*Geschichte der spanischen und portugiesischen Poesie und Beredsamkeit*, Göttingen, 1804) – altra scoperta romantica – fu presto tradotta in francese (*Histoire de la littérature espagnole*, traduite de l'allemand par Jean Muller, Paris, 1812), in inglese (*History of Spanish and Portuguese Literature*, translated from the original German by Thomasina Ross, 2 voll., London, 1823; *History of Spanish Literatur*, London, 1847) e in spagnolo (*Historia de la Literatura Española*, traducida al castillano y adicionada per José Gomes de la Cortina y Nicolas Hagalde y Mollinedo, Madrid, 1829).

19 Sviluppo che, come è noto, avverrà in senso romantico e idealistico. Un'ulteriore prova della 'sordità', se non addirittura dell'ostilità, di Bouterwek verso la nuova corrente è offerta dalla sua recensione, fortemente negativa, di A. W. SCHLEGEL, *Dramaturgische Vorlesungen*, sulle «Göttingische gelehrte Anzeigen», 1810, pp. 217-219, 409-411.

20 E che trova la sua sistemazione canonica, a livello di storiografia filosofica, nella monumentale opera di J. J. BRUCKER, *Historia critica philosophiae a mundi incunabulis ad nostram usque aetatem deducta*, 6 voll., Lipsiae, 1742-1767; vol. 3: *Historia critica philosophiae a Christo nato ad repurgatas usque literas* (1743), pp. 869-912. Come è noto, la sistemazione e la valutazione bruckeriana passeranno nell'articolo «Scholastiques» dell'*Encyclopédie* (vol. XIV, 1765, pp. 770-777) e nelle successive grandi storie della filosofia fino a Hegel (e oltre).

mondo moderno, a cui ci si dovrebbe rifare dopo la parentesi illuministica.[21]

Nella prospettiva di Schelling, Dante diventa non solo «il paradigma della grande poesia moderna», di una modernità post- e anti-illuministica, ma soprattutto rappresenta la «poesia della poesia alla guisa che un secolo più tardi un altro filosofo, Heidegger, considererà Hölderlin simbolo purissimo di quest'altra cosa più disperata, che fu la poesia moderna e ultima».[22] Al riguardo Bouterwek mostra invece una mentalità ancora illuministica che riconosce al Cristianesimo e al Medioevo il merito di aver civilizzato ed 'educato' i giovani popoli che s'impiantarono nelle province del grandioso organismo, ormai ridotto in rovina, dell'Impero Romano.[23] Per rendersi conto della differenza di sensibilità e di giudizio tra il Bouterwek e il gruppo del primo romanticismo jenese, basterebbe confrontare l'«Introduzione» alla sua *Geschichte der Poesie*[24] e l'attacco di *Cristianità o Europa* di Novalis:[25] quella dif-

---

[21] Il riferimento più suggestivo è a Novalis, *Die Christenheit oder Europa. Ein Fragment*, 1799, ora in: Id., *Schriften*. Vol. 3: *Das philosophisches Werk*. II. Hrsg. von R. Samuel in Zusammenarbeit mit H.-J. Mahl und G. Schulz, Darmstadt, 1968 (= *La Cristianità o l'Europa. Frammento scritto nell'anno 1799*, trad. it. di E. Pocar, in Novalis, *Opere*, a cura di Giorgio Cusatelli, Milano, 1982, pp. 563-581), ma non si deve dimenticare il precedente, fondamentale contributo di J. G. Herder, *Auch eine Philosophie der Geschichte zur Bildung der Menschheit*, s. l., 1774 (*Ancora una filosofia della storia per l'educazione dell'umanità*, introduzione e trad. it. di F. Venturi, Torino, 1951) che, pur criticando l'incomprensione illuministica per l'età di mezzo, non cadeva in un'esaltazione acritica e fortemente 'sentimentale' come avverrà per alcuni romantici, come W. H. Wackenroder, *Herzensergießungen eines kunstliebenden Klosterbruders*, Berlin, Unger, 1797 (*Effusioni di un monaco amante dell'arte*) e *Phantasie über die Kunst für Freunde der Kunst*. Hrsg. von L. Tieck, Hamburg, Perthes, 1799 (*Fantasie sull'arte per amici dell'arte*).

[22] E. Raimondi, *Del saggio di Schelling su Dante*, «Convivium», 1947, fasc. 2, pp. 173-180, qui 173-174.

[23] Nella scia della valorizzazione positiva della religione, e in particolare del Cristianesimo, per lo sviluppo della civiltà determinante è l'interpretazione data da G. E. Lessing, in *Die Erziehung des Menschengeschlechtes*, Berlin, Voss, 1780 (*L'educazione del genere umano*, in: Id., *La religione dell'umanità*, a cura di N. Merker, Roma-Bari, 1991, pp. 129-154). Su Lessing si veda il saggio fondamentale di N. Merker, *L'illuminismo tedesco. Età di Lessing*, Bari, 1968.

[24] «Allorché in Europa, al tempo in cui inizia la storia moderna, lo spirito umano si risvegliò a nuova attività autonoma, era ancora presente solo un'oscura traccia di ciò che era stato il mondo quando dominava la cultura greca e romana. Tutti i rapporti si erano modificati. Uomini completamente diversi pregavano dèi completamente diversi. Dominatori e dominati governavano e ubbidivano secondo regole del tutto diverse. Modo di pensare e costume di tutti i ceti portavano una nuova impronta. Era un altro mondo». (Bouterwek, *Geschichte der Poesie...*, vol. 1, p. 1).

[25] «Erano bei tempi, splendidi, quelli dell'Europa cristiana, quando un'*unica* cristianità abitava questo continente di forma umana, e un grande e comune interessamen-

ferenza divarica di decenni la contemporaneità cronologica delle due opere.

2. Dopo una lunga eclisse, nel nostro secolo l'importanza dell'analisi critica di Bouterwek è stata riaffermata da Benedetto Croce, che ha apprezzato proprio la distinzione tra «poesia» e «sistema» nella *Divina Commedia*: una distinzione che sembra anticipare quasi alla lettera il suo stesso giudizio.[26] Infatti, per Bouterwek (come per Croce), il poema dantesco raggiunge la grazia della poesia solo «per frammenti», quando cioè lo slancio lirico riesce a liberarsi dall'ingombrante armatura teologico-scolastica che l'appesantisce e quasi lo soffoca.[27] Eppure circa la diversa statura di Schelling e di Bouterwek si era presa posizione già nei primi decenni dell'Ottocento. Charles Bénard, per esempio, benemerito diffusore della cultura filosofica tedesca in Francia, metteva in luce i gravi limiti dell'interpretazione del Bouterwek proprio ricorrendo alle espressioni polemiche dello Schelling.[28] Nel nostro secolo, un giudizio ancora più negativo dava Arturo Farinelli, per il quale «Poco dovrà curarsi il Bouterwek, che, nel I vol. della sua "Geschichte der Poesie" (1801), letta e discussa a' suoi tempi, scombicchera

---

to univa le più lontane province di questo ampio regno spirituale». (NOVALIS, *Opere...*, p. 565).

26 «Ma in molto conto si dovrebbe tenere la critica che di Dante scrisse nel 1801 Bouterwek, la quale stranamente è affatto dimenticata dai dantisti o, più strano ancora, rammentata sopra una vaga fama di misconoscimento, di detrazione, di calunnia dell'opera dantesca, e quasi semplice prosecuzione del volterismo e dell'irriverenza del settecento. Il Bouterwek, senza dubbio, fu inopportunamente severo verso la «composizione», o «costruzione» del poema, della quale non gli sembrava si potesse «salvar l'onore» e che gli dava immagine di un gran labirinto gotico, gravato da nebbia di allegorie, un labirinto difficile all'intelligenza e che, in fondo, non compensava le fatiche che si spendevano per intenderne l'architettonica e il congiunto ordinamento delle pene, delle purgazioni e dei premi, perché il sentimento artistico (*das Kunstgefühl*) ha poco o nulla a che vedere con ciò che nella *Commedia* è sistema. [...] Era, questo, un entrare nel vivo della difficoltà; e l'acume e il coraggio con cui il Bouterwek si sforzava di distinguere in Dante sistema e poesia, ed esaltava la poesia sul sistema, debbono rendere indulgenti circa il troppo sbrigativo trattamento degli elementi dottrinali del poema e circa il principio della «frammentarietà», il quale, se per una parte era adesione ai giudizi su Dante del Bettinelli e di altri settecentisti, per l'altra anticipava un più libero modo di interpretare e gustare la poesia». (B. CROCE, *La poesia di Dante*, Bari, 1966[11], pp. 188-189).

27 BOUTERWEK, *Geschichte der Poesie...*, I, p. 119.

28 Partigiano dell'«ancienne critique», Bouterwek nel giudizio sulla *Divina Commedia* si era lasciato andare ad espressioni «aussi irrévèrencieuses qu'inconsidérées» tanto da chiamare Dante «disciple malhereux de l'art» e suscitando «la bile du philosophe [Schelling] qui proclame si hautement Dante le père de la poésie moderne». CH. BÉNARD, «Préface du Traducteur» a SCHELLING, *Ècrits philosophiques et morceaux propres à donner une idée générale de son système*, Paris, 1847, p. CLXVII.

parole di biasimo e d'elogio, acri e lacrimevoli giudizi sulla "Commedia", sbagliata da cima a fondo; studiarla, egli diceva, [...] è fatica sprecata».[29]

Qualche decennio prima, lo Scartazzini mentre relegava la fatica del Bouterwek ad un ruolo del tutto secondario, indicava il grande contributo di Schelling nel fatto di aver compreso che la *Divina Commedia* non era «solo opera di un tempo o di uno speciale grado di coltura», ma che era opera «originale e per l'universalità ch'essa congiunge alla più rigorosa individualità, e per la vastità, mediante cui niuna parte della vita e della coltura rimane esclusa, e finalmente per la forma, che non si presenta quale un tipo determinato, ma qual tipo comprensivo dell'Universo».[30]

Piace, da ultimo, ricordare l'alto apprezzamento espresso da Erich Auerbach al saggio schellinghiano proprio negli stessi anni in cui Croce elaborava i suoi studi danteschi. Per Auerbach, infatti, «Schelling è il primo a centrare il problema» della *Divina Commedia* e il suo saggio rappresenta «ciò che di più significativo sia stato scritto su Dante e sulla *Commedia* nel periodo romantico vero e proprio», tanto da avere una «grande influenza sugli Schlegel e su altri, in particolar modo su Hegel».[31]

---

[29] Farinelli ricordava anche le sarcastiche osservazioni di Schiller sul «sapientissimo pedante», che apriva al pubblico il suo «ästhetischer Kramladen» («botteguccia estetica»); mentre in una lettera a Goethe bollava la sua «unverschämte Anmaßung auf Wissenschaft» («sfrontata presunzione di sapere») di quel «falscher belletristischer Schwätzer mit dem confusen Kopf» («falso chiacchierone di cose letterarie dalle idee confuse») (A. Farinelli, *Dante in Spagna - Francia - Inghilterra - Germania*, Torino, 1922, pp. 401-402. Certamente Schelling avrebbe trovato da ridire a proposito della qualifica di «eruditissimo», data da Schiller a quel «pedante» di Bouterwek; nell'«Anhang II», infatti, egli si compiace di mostrare l'ignoranza di chi si permetteva di strapazzare in quel modo Dante. («Kritisches Journal der Philosophie». Vol. 2, Stück 3, p. 59 nota). Vedi *infra*, p. 63 nota.

[30] G. A. Scartazzini, *Dante in Germania. Storia letteraria e bibliografica dantesca alemanna*. Parte I: *Storia critica della letteratura dantesca alemanna dal secolo XIV sino ai nostri giorni*, Milano, 1881, p. 24. L'accenno al Bouterwek è a p. 23.

[31] E. Auerbach, *Entdeckung Dantes in der Romantik*, «Deutsche Vierteljahrsschrift für Literaturwissenschaft und Geistesgeschichte» 7 (1929), pp. 682-692; ora in *Gesammelte Aufsätze zur Romanischen Philologie*, Bern-München, 1967, pp. 176-183 (*La scoperta di Dante nel Romanticismo*, in: Id., *San Francesco Dante Vico ed altri saggi di filologia romanza*, trad. it. di V. Ruberl, Bari, 1970, pp. 49-50).

Per la critica dantesca del Novecento, molto importanti sono anche l'altro saggio di Auerbach, *Dante als Dichter der irdischen Welt*, Berlin-Leipzig, 1929 (*Dante, poeta del mondo terreno*, in: Id., *Studi su Dante*, a cura e con prefazione di Dante della Terza, Milano, 1963, pp. 3-16); e gli studi di R. Curtius, *Dante*, in *Kritische Essays zur europäischen Literatur und lateinischen Mittelalter*, 2., durchgeseh. Aufl., Bern, 1954, pp. 353-383 e Id., *Gesammelte Aufsätze zur romanischen Philologie. Neue Dante-Studien*, Bern-München, 1960, pp. 305-345.

Più in generale, sui rapporti tra Dante e la critica tedesca negli ultimi anni, si vedano

3. Per quanto riguarda la «fortuna» dei testi qui tradotti, occorre ricordare che, al di là della funzione informativa assegnata al grande manuale del Bouterwek per cui esso ebbe nella prima metà dell'Ottocento una rilevante diffusione,[32] il saggio schellinghiano godette di un modesto ma continuo favore degli studiosi,[33] e numerose furono le traduzioni.[34]

La prima traduzione italiana, *Considerazioni filosofiche di F. G. G. Schelling sopra Dante*, fu inserita da Giovanni Battista Niccolini nelle proprie *Opere*, senza l'indicazione del traduttore, con la sola avvertenza che «Queste considerazioni filosofiche sopra Dante vennero scritte dal più celebre filosofo della Germania, F. G. G. Schelling, quando egli era nel vigore degli anni. Un amico mi fu tanto cortese, che volle farne una traduzione in italiano, e concedermi di renderla con le stampe di pubblica ragione».[35] Essa venne

---

TH. OSTERMANN, *Dante in Deutschland*, Heidelberg, 1969; ID., *Die deutsche Dante-Forschung zwischen den Dante-Jubiläen 1921 und 1965*, in: *Festgabe zum 700. Geburtstag Dantes und zum 100. Geburtstag der Deutschen Dante-Gesellschaft*, «Mitteilungen der Dante-Gesellschaft», 1965, pp. 3-28; H. RUEDIGER, *Dante als Erwecker geistiger Kräfte*, in: *Festschrift für Richard Alewin*. Hrsg. von H. Singer und B. von Wiese, Köln-Graz, 1967, pp. 17-45; per un aspetto più particolare si veda C. CASES, *L'interpretazione hegeliana di Dante*, in *Dante e la cultura tedesca. Convegno di studi danteschi* (Università degli Studi di Padova. Corsi estivi di Bressanone, 1965), Padova, 1967, pp. 81-107.

32 La parte riguardante la letteratura iberica è stata di recente ristampata sia nell'originale (*Geschichte der spanischen und portugiesischen Literatur* (Göttingen, 1804), Hildesheim, 1975) sia nelle versioni spagnola (*Historia de la Literatura Española* (Madrid, 1829) Hildesheim, 1971) e inglese (*History of Spanish Literatur* (London, 1847), Philadelphia, R. West, 1979).

33 Se ne veda la recente ristampa in *Dante Alighieri. Aufsätze zur Divina Commedia*, Hrsg. und eingel. von Hugo Friedrich, Darmstadt, 1968, pp. 16-26.

34 Non solo in italiano: si vedano, ad esempio, le traduzioni *Sur Dante, considéré sous le rapport philosophique*, in SCHELLING, *Ecrits philosophiques...*, pp. 295-314; *Dante dans la perspective philosophique*, trad. de Jacques Legrand, «Tel Quel», n. 23, 1965, pp. 3-11; e, con il titolo, *Schelling*, in *The Divine Comedy of Dante Alighieri*. Translated by Henry Wadsworth Longfellow, Leipzig, 1867, vol. 2, *Purgatorio*, pp. 401-411 (rist.: Boston, 1870, pp. 403-410).

35 G. B. NICCOLINI, *Opere*, vol. 3, Firenze, 1844, p. 261; la traduzione è alle pp. 263-272, ed è dovuta a Domenico Mazzoni e non a Giovanni Morelli, come erroneamente l'aveva attribuita Atto Vannucci (*Ricordi della vita e delle opere di* G. B. NICCOLINI, raccolti da A. VANNUCCI, vol. 1, Firenze, 1866, p. 201, nota 1). Sull'erronea attribuzione è recentemente intervenuta Antonella Birindelli (*Domenico Mazzoni e la conoscenza di Hegel e di Schelling in Toscana nella prima metà dell'Ottocento*, «Archivio di Filosofia», 1976, n. 1, pp. 161-172), ma già all'inizio del secolo Michele Losacco aveva ristabilito la verità in una serie di articoli dedicati al Mazzoni (*Domenico Mazzoni lettore di filosofia nel Collegio Forteguerri*, «Bullettino Storico Pistoiese», 13 (1911), pp. 57-92, 137-159 e 14 (1912), pp. 1-34; e *L'abate Mazzoni in Germania*, ivi, 15 (1913), pp. 1-16, 84-97). Altre informazioni si possono ricavare in G. F. FRIGO, *La Divina Commedia come unione di religione e poesia. Nota filologico-estetica sulla scoperta 'romantica' di Dante*, «Verifiche», 7 (1978), pp. 233-245, qui, p. 235, n. 8.

più volte ristampata assieme alle *Opere* del Niccolini;[36] inoltre Fabio Fabbrucci la premise, accompagnata dall'«Avvertimento» del Niccolini, alla seconda ristampa berlinese delle *Lettere sopra la Divina Commedia di Dante* di Giambattista Brocchi.[37] Anche nel nostro secolo il saggio schellinghiano fu più volte tradotto.[38]

4. Può essere interessante conoscere le edizioni dantesche di cui Bouterwek e Schelling si servirono: il primo cita l'edizione veneziana in quarto del 1757,[39] mentre il secondo non indica l'edizione avuta a disposizione, ma, da una lettera al padre del marzo 1800, veniamo a sapere che avrebbe desiderato poter disporre di quella «in quattro volumi in 4°, con un pregevole commento, di cui non si può quasi fare a meno se si vuole comprendere questo

---

[36] Per esempio, nella seconda edizione, Firenze, 1847, pp. 263-272; e in G. B. NICCOLINI, *Opere edite e inedite*, raccolte e pubblicate da Corrado Gargiolli, vol. 7, Milano, 1870, pp. 671-688.

[37] G. B. BROCCHI, *Lettere sopra la Divina Commedia*, con alcune note ed un appendice. Seconda edizione contenente le *Considerazioni filosofiche* di F. G. G. SCHELLING *sopra Dante*, per opera e cura di F. Fabbrucci, Berlino, a spese dell'editore, 1855, pp. VII-XXIV. Nella dedica al Granduca del Baden, il Fabbrucci informa di far precedere le *Lettere* dalle «*Considerazioni filosofiche sopra Dante dello Schelling*, uno dei più celebri filosofi di cui la Germania piange la recente perdita, le quali non saranno discare a coloro che apprezzano il giudizio di un sì grand'uomo» (pp. V-VI). Schelling era scomparso il 20 agosto del 1854. Lo Scartazzini informa che si trattava degli «esemplari non ispacciati dell'edizione del 1837, muniti di un nuovo frontespizio ed arricchiti della dissertazione dello *Schelling*, la quale è assai più importante e vale assai più di tutto il rimanente» (SCARTAZZINI, *Dante in Germania*..., Parte 2, Milano, 1883, p. 219). Il saggio dantesco del Brocchi (1772-1826), notevole e famoso sopratuttto come scienziato (V. GIACOMINI, *s. v.*, in *Dizionario biografico degli Italiani*, vol. 14, Roma, 1972, pp. 396-399), era apparso dapprima a Venezia (*Lettere sopra Dante a Miledi W-Y*, Venezia, appresso S. Gnoato, 1797) e più volte riedita e anche tradotta in tedesco (*Brocchi's Briefe über Dante's Komödie*. Aus dem Italienischen von B. K. S., Bonn, 1855; cfr. K. WITTE, *Dante-Forschung. Altes und Neues*, vol. 1, Halle, 1869, pp. 218-221). Su Brocchi si veda ora l'esauriente monografia di G. BERTI, *Un naturalista dall'Ancien Régime alla Restaurazione: Giambattista Brocchi (1772-1826)*, Bassano, 1988; ed in particolare M. PECORARO, *Giambattista Brocchi dantista*, in *L'opera scientifica di Giambattista Brocchi (1772-1826)*. Atti del convegno, Bassano del Grappa 9-10 novembre 1985, Bassano, 1987, pp. 81-98.

[38] F. G. SCHELLING, *Dante considerato sotto l'aspetto filosofico*, trad. it. di Guido Battelli, Firenze, 1905; F. G. SCHELLING, *Considerazioni filosofiche su Dante*, trad. it. di Gianni Vattimo, «Rivista di Estetica», 11 (1966), pp. 5-16; e F. W. J. SCHELLING, *Considerazioni filosofiche su Dante*, in: ID., *Filosofia dell'arte*, a cura di A. Klein, Napoli, 1986, pp. 367-375.

[39] BOUTERWEK, *Geschichte der Poesie*..., vol. 1, pp. 61-62: si tratta dell'edizione D. ALIGHIERI, *Opere*, 4 voll., Venezia, A. Zatta, 1757-1758, i cui voll. I-III contengono *La Divina Commedia* con note di P. Venturi e G. A. Volpi e con osservazioni di F. M. Rosa Morando, e il vol. IV, t. 1-2, le *Prose e rime liriche edite, ed inedite con copiose ed erudite aggiunte*. L'edizione riportava anche la *Vita di Dante* scritta da Leonardo Bruni e G. M. Crescimbeni.

poeta».[40] Dovette, però, accontentarsi di un'altra; ma forse all'edizione veneziana in 4° arrivò grazie ad un prestito di August Wilhelm Schlegel.[41]

Dagli epistolari dei protagonisti del primo circolo romantico siamo anche informati del loro interesse per la lingua italiana e dello studio di Dante.[42] È questo il periodo in cui Schelling sta preparando il materiale per il corso sulla *Filosofia dell'arte*, in cui un posto di rilievo è assegnato a Dante nella trattazione della letteratura moderna. Inoltre, seguendo l'esempio del maggiore degli Schlegel, Schelling compone versi e s'impegna nella traduzione di brani della *Divina Commedia*.[43] All'inizio del 1803, infatti, invia

---

[40] «Vi ringrazio devotissimamente per il benevolo interessamento per Dante, coronato da un esito così felice. Veramente, non è propriamente l'edizione che intendevo, in quattro grossi volumi in 4°, con un pregevole commento, di cui non si può quasi fare a meno per comprendere questo poeta e che è apparsa a Venezia presso lo stesso libraio; pure mi rallegro molto di possedere almeno questa edizione molto pregevole e corretta, che altrimenti ben difficilmente avrei potuto procurarmi in Germania». Schelling al padre, 2 marzo 1800, in *Fuhrmans* II, pp. 217-218.

[41] «Lei ha avuto la bontà di farmi pervenire *Dante III* con vocabolario italiano». (Schelling ad A. W. Schlegel, 15 dicembre 1800, in *Furhmans* II, p. 302). Il possesso da parte di Schlegel dell'edizione veneziana in 4° è testimoniato dall'elenco dei libri da lui lasciati: *Katalog der von Aug. Wilh. von Schlegel nachgelassenen Büchersammlung...*, Bonn, 1845, p. 65 n. 908; inoltre, nelle sue traduzioni dantesche, i rimandi all'originale rinviano a questa edizione (cfr. A. W. SCHLEGEL, *Sämmtliche Werke...*, vol. 3, pp. 201 nota e 382; le traduzioni sono alle pp. 199-388). Nell'edizione veneziana in 4°, *Dante III* corrisponde, come si è indicato, al *Paradiso*, di cui Schelling tradusse in quei mesi il Canto II; e mentre egli si teneva l'edizione maggiore dell'amico, gli prestava la sua edizione «minore»: «spedirò il suo *Dante*; Le sono non poco obbligato per avermelo lasciato così a lungo; La prego invece di spedirmi la mia piccola edizione, giacché quest'inverno penso di dedicarmi intensamente a lui» (Schelling a A. W. Schlegel, 1 novembre 1802, in *Fuhrmans* II, pp. 467-468).

[42] Una lettera di Caroline Schlegel dell'ottobre 1799 riferisce: «Ci dedichiamo molto intensamente all'italiano; ogni sera, alle sette, il santo padre Fritz [Friedrich Schlegel], a Dio devoto, impartisce a me e a Schelling un'ora di lezione. È presente anche la Veit [...]». (Caroline alla figlia Auguste Böhmer, 14 ottobre 1799, in: *Caroline. Briefe aus der Frühromantik*. Nach Georg Waitz vermehrt hrsg. von Erich Schmidt, 2 voll., Leipzig, 1913, qui vol. 1, p. 566). Quest'ultima, Dorothea Veith, l'amica di Friedrich Schlegel, qualche giorno prima informava Friedrich Schleiermacher che «di sera si legge Dante. Friedrich dà lezioni a Caroline e a Schelling». (Dorothea a Schleiermacher, 11 ottobre 1799, in *Briefe von Dorothea Schlegel an Friedrich Schleiermacher*. Mitteilungen aus dem Litteraturarchive in Berlin. N. F. 7, Berlin, 1913, p. 12).

Sullo studio e l'apprezzamento di Dante nel circolo jenese, si veda HAYM, *La Scuola romantica...*, pp. 680 e 732.

[43] Il sonetto *An Dante* e la *Inschrift am Eingang der Hölle (Iscrizione all'entrata dell'Inferno)* apparvero dapprima sul «Musenalmanach» del 1802 (cfr. la lettera di A. W. Schlegel a Ludwig Tieck del 4 settembre 1800, in A. W. SCHLEGEL, *Ausgewählte Briefe*. Hrsg. von Edgar Lohner, Stuttgart, 1974, p. 73); quindi nei *SW* X, pp. 442-446; in appendice a *Der fünfte Gesang der Hölle in zwei und zwanzig Uebersetzungen seit 1763 bis 1865...*, zu-

allo Schlegel la sua traduzione del Canto II del *Paradiso* per averne suggerimenti, ma anche per dimostrargli quanto avesse profittato del suo magistero.[44] Di questa deferenza e stima è testimonianza anche il verso *Wo Religion und Poesie verbündet* («dove religione e poesia si congiungono») che apre il saggio su Dante: si tratta, infatti, di una citazione dal sonetto *Dante* di A. W. Schlegel con la sola sostituzione dell'originario *daß* («che») con *wo* («dove») per adattarlo al contesto.[45] Ponendo in apertura del saggio questa 'cifra' il giovane Schelling intendeva marcare la sua appartenenza a quel circolo e a quello spirito romantici che l'avevano introdotto al «santuario» della poesia moderna, al di là delle incomprensioni e dei fraintendimenti dell'epoca precedente.

---

sammengestellt von Reinhold Köhler, Weimar, 1865, pp. 160-165; e in F. W. J. SCHELLING, *Gedichte und poetische Uebersetzungen*. Hrsg. von Erich Schmidt, Berlin, 1913.

[44] «Lei riceverà una copia della traduzione del canto dantesco, della cui grande manchevolezza, asperità e goffaggine ho avuto proprio ora occasione di convincermi. Se Lei traduce qualcosa di Dante e se mi è permesso chiederLe questo favore, scelga questo canto; ciò che è, da parte mia, un desiderio molto egoistico, visto che spererei di imparare da ciò moltissimo» (Schelling ad A. W. Schlegel, 7 gennaio 1803, in *Fuhrmans* II, p. 478). È noto che un'analoga traduzione è inserita nelle opere dello Schlegel (*Sämmtliche Werke*..., vol. 3, pp.369-373) con l'annotazione del curatore Böcking che essa «è stata composta senza dubbio con la collaborazione della prima moglie», cioè Caroline; mentre K. F. A. Schelling («Vorwort des Herausgebers» a *SW* X, pp.VII-VIII) assicura, sulla scorta delle lettere in suo possesso, che la traduzione era del padre, che ne aveva inviato copia ad A. W. Schlegel, sulla quale questi «fece un tentativo di traduzione». In seguito, sia Schelling sia Schlegel ritoccarono quelle traduzioni, che finirono poi nelle opere.

[45] È il v. 6 del sonetto *Dante*, primo di un gruppo di sonetti dedicati ai «Poeti italiani» e pubblicato in: A. W. SCHLEGEL, *Gedichte*, Tübingen, Cotta, 1800, p. 170; quindi, ristampato nelle altre edizioni dei *Gedichte* (Heidelberg, 1811, Theil 1, p. 280), dei *Poetische Werke* (Wien, 1815, Theil 2, p. 46) e nei *Sämmtliche Werke*..., Bd. 1 (1836), p. 316. In una nota (p. XV), il curatore avverte che i sonetti di questo gruppo furono composti tra il 1798 e il 1800. Sulla 'citazione' schellinghiana, si veda FRIGO, *La Divina Commedia*..., pp. 238-240.

I testi sono tradotti da G. F. Frigo

Friedrich Wilhelm Joseph Schelling

DANTE E L'EPICA MODERNA

Dopo aver percorso l'arco delle forme dell'epica che sono possibili nello spirito della poesia moderna e contemporanea rimane il problema della possibilità, per i poeti dell'età moderna, della forma epica alla maniera degli Antichi. Già prima si era parlato dei tentativi falliti di questa specie. La prima cosa di cui il poeta dovrebbe andare alla ricerca sarebbe certamente l'argomento per sua natura idoneo alla trattazione epica alla maniera degli Antichi. Egli potrebbe o scegliere addirittura una materia antica, che si allacciasse alla totalità epica dei Greci, o almeno appartenesse al cerchio della mitologia epica; oppure dovrebbe scegliere una materia dell'epoca moderna. Impossibile gli sarebbe sceglierla dalla storia: 1°) perché anche ciò che viene isolato dalla storia in maniera epica, sembrerà sempre assunto soltanto casualmente; 2°) perché i motivi, i costumi, gli usi che appartengono alla storia, dovrebbero essere necessariamente moderni: come se un poeta volesse trattare alla maniera epica degli Antichi la storia delle Crociate.

Nel migliore dei casi, la materia epica sarebbe forse da prendere dal periodo di transizione dall'età antica a quella moderna, perché lo stesso Cristianesimo guadagnerebbe dalla contrapposizione al paganesimo un colore più nobile e potrebbe persino assumere quell'aspetto che nell'*Odissea*, per esempio, hanno i costumi favolosi dei popoli e le meraviglie di parecchi paesi o isole. In una parola, il Cristianesimo sarebbe, in questa contrapposizione, il più idoneo ad essere trattato in maniera obbiettiva. Una simile epopea non potrebbe essere svolta come un semplice studio alla maniera degli Antichi, ma avrebbe un'intima e peculiare forza e colore. Ma, a prescindere da quest'unico momento della storia, che è il punto di svolta dell'antico e del nuovo, non si potrebbe trovare in tutta la storia successiva un fatto universalmente valido e un avvenimento adatto a una rappresentazione epica. Infatti, esso dovrebbe essere non solo nazionale e popolare come la guerra di Troia, ma anche universale, dato che il poeta epico deve tendere ad essere il più popolare di tutti, e la popolarità si può trovare soltanto nella vivente verità, convalidata attraverso il costume e la tradizione. Nello stesso tempo l'azione dovrebbe prestarsi a quella trattazione ampia e particolareggiata della narrazione che caratterizza lo stile epico. Ma, difficilmente si potrebbe trovare nel mondo moderno una materia che soddisfi queste condizioni, meno di tutte la materia corrispondente all'ultima esigenza, giacché nelle guerre, per esempio, la personalità è soppressa e soltanto la massa conta. I tentativi epici con una materia moderna verrebbero, dunque, ricondotti, in sé e per sé, più sul terreno dell'*Odissea* che su quello dell'*Iliade*, ma anche su quello potrebbero trovarsi soltanto in un ambito limitato (come nella *Luise* di Voß) consuetudini antiche di vita, un mondo, cioè, come è richiesto dallo svolgimento, dalla chiarezza e dalla semplicità epici. In tal modo, però la poesia epica assumerebbe piuttosto la natura dell'idillio, se il poeta non trovasse la possibilità di introdurre di nuovo in questa limitatezza l'universalità di un grande evento. In *Hermann und Dorothea* di Goethe ciò è avvenuto in maniera tale che, nonostante la limitatezza dovuta alla materia, si deve riconoscere a questo poema un certo carattere epico; la *Luise* di Voß, invece, è stata caratterizzata dallo stesso poeta come idillio, come una serie di quadri, più rappresentazione di contenuto statico che rappresentazione di contenuto dinamico. Il poema di Goethe ha, dunque, risolto un problema della poesia moderna ed ha aperto la strada ad ulteriori tentativi di questa specie e di questa maniera. Non sarebbe impensabile che dalla singolarità di tentativi, originariamente aggregantisi intorno ad un nucleo ben determinato, potesse successivamente sorgere, grazie ad un processo di sintesi o di ampliamento quale quello messo in atto nei poemi omerici, una totalità comune. Ma una totalità di tali piccole totalità epiche non perverrebbe mai alla vera idea dell'epica, di cui il mondo moderno sente la mancanza come di qualcosa di necessario, come dell'intima identità della cultura e della situazione storica da cui esso deriva. – Queste considerazioni sull'epica ci portano alla stessa conclusione a cui eravamo pervenuti dopo aver trattato della mitologia, al fatto, cioè, che Omero, che fu il primo nell'arte antica, sarà l'ultimo in quella moderna, portandone a compimento l'estremo destino.

Questo tentativo non può sopprimere i parziali tentativi di anticipare Omero per un determinato tempo: l'unica condizione in base alla quale sono unicamente possibili validi tentativi di tal specie è quella di non perdere di vista la caratteristica fondamentale dell'epica, l'universalità, cioè la trasformazione in una identità comune di ciò che, realmente presente, è disperso nel tempo. Per la formazione del mondo moderno, la scienza, la religione e l'arte stessa non sono di minor rilievo e significato della storia. La vera epica del mondo moderno dovrebbe consistere nell'inscindibile mescolanza di questi elementi, dei quali l'uno aiuta l'altro; ciò che per sé non sarebbe adatto alla trattazione epica, lo diventa grazie all'altro, e qualcosa di totalmente e semplicemente *peculiare* dovrebbe essere perlomeno il frutto di questa reciproca compenetrazione, prima che possa sorgere ciò che è totalmente e semplicemente universale.

Un tentativo di questa specie ha dato inizio alla storia della poesia moderna: si tratta della *Divina Commedia* di Dante, che se ne sta così incomprensibile e incompresa, perché è rimasta unica nel seguito del tempo, e, dall'identità che connotava questo poema, la poesia, in quanto cultura in generale, si è dispersa in così tanti aspetti, che è universalmente valida soltanto per la forma simbolica, mentre è diventata nuovamente unilaterale per l'esclusione di così tanti aspetti della stessa cultura moderna.

La *Divina Commedia* di Dante è così totalmente conchiusa in sé, che la teoria, astratta dagli altri generi, è per essa del tutto inadeguata. Essa esige una propria teoria, è un'essenza di un proprio genere, un mondo a sé. Indica un grado, al quale la poesia successiva, tenuto conto delle diverse condizioni in cui è venuta a trovarsi, non è più riuscita a pervenire. Non nascondo la mia convinzione che questo poema, sul quale solo molto parzialmente si è detto qualcosa di vero, non è stato tuttavia ancora riconosciuto *in generale* e nel suo vero significato simbolico, e che di esso non c'è ancora una teoria, una costruzione. Già per questo esso è degno di una trattazione del tutto speciale: non può essere accostato a qualcosa d'altro, né essere assunto sotto alcun genere. Non è poema epico, né poema didascalico, né romanzo in senso proprio; non è nemmeno commedia o dramma, come lo stesso Dante l'ha chiamato. È la più inscindibile mescolanza, la più completa compenetrazione di tutto; non nella sua *singolarità* (perché, a tale riguardo, anche questo poema appartiene al tempo), ma come genere è il più universale esempio della poesia moderna, non un singolo poema, ma il poema di tutti i poemi, la poesia della stessa poesia moderna.

Questo è il motivo per cui faccio oggetto di una speciale trattazione la *Divina Commedia* di Dante, non per sussumerla sotto alcun genere, ma per costituirla come genere a sé.*

---

* La parte, che ora segue nel manoscritto, la *Divina Commedia di Dante*, è stata riprodotta tra i saggi tratti dal «Kritisches Journal». Nota dell'editore K. F. A. Schelling.

Friedrich Wilhelm Joseph Schelling

DANTE SOTTO L'ASPETTO FILOSOFICO

Coloro che prediligono il passato rispetto al presente non si sorprenderanno di vedersi ricondotti dalla vista non sempre ripagante di quest'ultimo a un così remoto monumento dell'unione di filosofia e poesia, qual è l'opera di Dante, che da tanto tempo la santità del passato ricopre.

Come giustificazione del posto che queste riflessioni qui occupano, per il momento esigo che mi si conceda soltanto che il poema, al quale si riferiscono, è uno dei problemi più notevoli della costruzione filosofica e storica dell'arte. Il seguito mostrerà che questa ricerca ne racchiude in sé una ben più generale, che riguarda le condizioni della stessa filosofia, per la quale non è di minor interesse che per la poesia: il loro reciproco fondersi, verso cui tende l'intera epoca moderna, richiede, da entrambe le parti, condizioni parimenti determinate.

Nel santo dei santi,

«dove religione e poesia si congiungono», sta Dante come sacerdote sommo e consacra alla sua missione l'intera età moderna. La *Divina Commedia*, non rappresentando un poema particolare ma l'intero genere della poesia moderna, anzi un genere a sé, è in sé così perfettamente indipendente, che la teoria, astratta da forme particolari, è per essa del tutto insufficiente: come essa esige un proprio mondo, così esige anche una propria teoria. L'autore le diede l'appellativo di divina, perché essa ha per argomento la teologia e le cose divine; la chiamò commedia, in base ai più semplici concetti di questo genere e di quello contrapposto: per il terribile inizio e il lieto finale, e perché la natura composita del suo poema, la cui materia è ora sublime ora umile, rendeva necessaria una maniera composita dello stile.

Si può facilmente vedere che, in base ai concetti comuni, questo poema non si può chiamare drammatico, perché esso non rappresenta un'azione ben delimitata. Se si considera Dante stesso come il protagonista che serve da legame della serie innumerevole di visioni e di quadri e che, più che agire, subisce, questo poema potrebbe sembrare che si avvicini al romanzo. Ma anche questo concetto è tanto poco esauriente nei suoi riguardi quanto quello che, secondo un'idea comune, esso possa chiamarsi epico, dato che negli oggetti rappresentati non ha luogo alcun mutamento. Non è parimenti possibile considerarlo un poema didascalico, dato che è stato scritto in una forma e con un intento molto più liberi di quelli che sono richiesti per ammaestrare. Non è, dunque, niente di tutto questo in particolare, e nemmeno qualcosa di soltanto composito, ma una particolarissima mescolanza, direi quasi organica, non riproducibile con alcun artificio, di tutti gli elementi di questi generi: un individuo assoluto, confrontabile con nient'altro se non con sé stesso.

La materia del poema è in generale l'espressione dell'identità dell'intera epoca del poeta, la compenetrazione dei suoi eventi con le idee della religione, della scienza e della poesia nello spirito più alto di quel secolo. Il nostro intento non è quello di cogliere tutto questo nel rapporto immediato con la sua epoca, quanto piuttosto di comprenderlo nella sua validità universale e nella sua esemplarità per l'intera poesia moderna.

Fino al momento, situato in una lontananza non ancora determinabile, in cui apparirà la grande epopea dell'età moderna, che finora si annuncia solo rapsodicamente e in apparizioni isolate, la legge necessaria di questa poesia è che l'individuo dia la forma della totalità alla parte di mondo che gli si manifesta, e che, partendo dalla materia dell'epoca, crei la propria mitologia. Come il mondo antico è, in generale, il mondo delle specie, l'epoca moderna è quella degli individui: là, l'universale è veramente il particolare, la specie agisce come l'individuo; qui, al contrario, il punto di partenza è la particolarità, la quale deve trapassare nella sua universalità. In quello, perciò, tutto è durevole, imperituro: il numero non ha, per così dire, alcun potere, perché il concetto universale fa tutt'uno con quello dell'individuo; in questo, è legge permanente lo scambio e la mutazione. Non un cerchio chiuso, ma solo un cerchio allargantesi all'infinito, grazie all'individualità comprendente le sue determinazioni, e, poiché l'universalità appartiene all'essenza della poesia, si richiede necessariamente che l'individuo torni ad essere, grazie alla più alta peculiarità, universale, e, grazie alla completa particolarità, assoluto. Proprio in forza di ciò che di puramente e incomparabilmente individuale ha il suo poema, Dante è il creatore dell'arte moderna, la quale senza questa necessità arbitraria e questa arbitrarietà necessaria, non può essere pensata.

Fin dal suo primo momento, in Omero, noi vediamo la poesia greca totalmente separata dalla scienza e dalla filosofia, in un processo di separazione spinto fino alla completa contrapposizione tra poeti e filosofi che, ricorrendo ad interpretazioni allegoriche dei poemi omerici, cercarono invano di simulare un'armonia. Nell'epoca moderna la scienza ha sopravvanzato la poesia e la mitologia, che non può essere tale senza essere universale e attrarre nel proprio circolo tutti gli elementi della cultura contemporanea, la scienza, la religione e l'arte stessa, saldando in una compiuta unità non soltanto la materia dell'età presente, ma anche quella del passato. L'individuo deve entrare in questo conflitto tra l'arte, che esige il conchiuso, il limitato, e lo spirito del mondo, che sospinge verso l'illimitato e con inalterabile fermezza abbatte ogni limitazione; deve scegliere con assoluta libertà, trarre forme durevoli dall'amalgama della sua epoca e, all'interno delle forme nate dall'arbitrio, ridare alla propria creazione poetica, grazie all'assoluta particolarità, la necessità in sé e la validità universale verso l'esterno.

Questo ha fatto Dante. Egli si trovava davanti la materia storica della sua epoca e di quella del passato, ma non poteva rielaborarla in forma di puro epos, in parte a causa della propria natura, in parte perché in tal modo avrebbe nuovamente escluso altri aspetti della cultura del suo tempo, alla cui totalità appartenevano anche l'astronomia, la teologia e la filosofia contemporanee. Queste non poteva trattarle in un poema didascalico, giacché così si poneva di nuovo dei limiti, e per essere universale il suo poema doveva essere contemporaneamente storico. Per dare a questa materia la connessione e la forma organica di una totalità, occorreva un'invenzione originalissima, scaturente dall'individuo. Mancando una mitologia simbolica, non gli era possibile rappresentare simbolicamente le idee della filosofia e della teologia. Tantomeno poteva comporre un poema del tutto allegorico, perché questo non poteva allora essere storico; perciò doveva essere una mescolanza particolarissima di allegoria e di storia. Una soluzione di questo genere non l'offriva la poesia esemplare degli Antichi: solo l'individuo poteva trovarla, solo un'invenzione completamente libera poteva perseguirla.

Il poema di Dante non è allegorico nel senso che le sue figure significhino solo qualcosa d'altro, senza essere indipendenti da quel significato e sussistere in sé; nessuna di queste figure, d'altra parte, è così indipendente dal significato da essere l'idea stessa e insieme qualcosa di più della sua allegoria. C'è, dunque, nel suo poema un medio originalissimo tra l'allegoria e la creazione simbolico-obbiettiva. Non c'è dubbio – e lo stesso poeta l'ha chiarito in altro luogo – che Beatrice, per esempio, è un'allegoria, l'allegoria della teologia; così le sue compagne, così molte altre figure. Nello stesso tempo, però, esse valgono per sé e si presentano come personaggi storici, senza per questo essere dei simboli.

Sotto questo aspetto, Dante è esemplare, in quanto ha espresso ciò che il poeta dell'età moderna deve fare per fissare tutta la storia e tutta la cultura del suo tempo – l'unica materia mitologica che gli sta davanti – in una totalità poetica. Egli è costretto da un'assoluta arbitrarietà a congiungere ciò che è allegorico e ciò che è storico. È costretto ad essere allegorico – e lo è anche contro la sua volontà –, perché non può essere simbolico; è costretto ad essere storico, perché deve essere poetico. Ciò che egli, a questo riguardo, crea, è ogni volta qualcosa di unico, un mondo a sé, totalmente dipendente dalla sua persona.

In maniera simile, l'unico poema tedesco di impianto universale congiunge le estreme espressioni dell'epoca mediante l'originale invenzione di una mitologia parziale, la figura di Faust, anche se si può dire commedia in un senso ben più ampiamente aristofanesco, e divino in un senso più poetico rispetto al poema dantesco.

L'energia con la quale l'individuo dà forma alla particolare mescolanza della materia dell'epoca con la sua vita determina la misura della forza mitologica da essa ricevuta. I personaggi di Dante acquistano una specie di eternità già dal luogo in cui egli li colloca, un luogo eterno; ma non solo la realtà, assunta dal proprio tempo, come la storia di Ugolino e di altri, ma anche ciò che ha creato con la sola fantasia, come la fine di Ulisse e dei suoi compagni, acquistano, nel contesto del poema, la consistenza di una vera mitologia.

Esporre in sé e per sé la filosofia, la fisica e l'astronomia di Dante avrebbe un interesse del tutto secondario, perché la loro vera peculiarità consiste soltanto nel modo con il quale esse si fondono con la poesia. Il sistema tolemaico, il quale sta, per così dire, a fondamento della sua costruzione poetica, ha già in sé stesso un colore mitologico. Ma se si vuole, nello stesso tempo, caratterizzare la sua filosofia come aristotelica, non si deve intendere con ciò la pura filosofia peripatetica, bensì la sua congiunzione, caratteristica del tempo, con le idee della filosofia platonica, come molti passi del suo poema potrebbero provare.

Non vogliamo soffermarci sulla forza e sulla purezza di singoli passi, sulla semplicità e sull'infinita naturalezza di singoli quadri, nei quali egli esprime le sue idee filosofiche, come quella ben nota dell'anima, che esce dalle mani di Dio come una sua fanciullina, che fanciullescamente ride e piange, una piccola candida anima, la quale nulla sa, se non che, mossa dal suo sereno Creatore, si rivolge lieta là donde riceve diletto. Vogliamo parlare solo dell'universale simbolismo della forma del tutto, nella cui assolutezza ci è dato conoscere, più che in qualsiasi altro elemento, la validità universale e l'eternità di questo poema.

Ma anche se l'unione di filosofia e di poesia viene compresa nella sua sintesi più bassa di poesia didascalica, è pur sempre necessario, visto che il poema non può avere una finalità esterna, che l'intento didascalico venga in esso di nuovo soppresso e mutato in assolutezza, in modo da apparire esistente per sé. Ciò è però pensabile soltanto se il sapere come immagine, sia dell'universo e in perfetta armonia con esso, sia della poesia più originaria e più bella, è già in sé e per sé poetico. Il poema di Dante è una compenetrazione molto più alta di scienza e di poesia, e, quindi, la sua forma deve essere tanto più commisurata, anche nella sua più libera originalità, al tipo generale della visione del mondo.

La divisione dell'universo e l'ordinamento della materia nei tre regni dell'Inferno, del Purgatorio e del Paradiso è, anche a prescindere dal significato particolare di questi concetti nel Cristianesimo, una forma universale e simbolica, così che non si vede perché ogni periodo storico determinato non possa avere la sua divina commedia in questa forma. Come per il dramma moderno si accetta abitualmente la forma in cinque atti, perché ogni evento può essere considerato nei suoi prodromi, nel suo sviluppo, nel suo acme, nel suo declinare e pervenire all'epilogo; così della suprema poesia profetica, capace di esprimere un'intera epoca, la tricotomia dantesca può considerarsi la forma universale, il cui contenuto sarebbe infinitamente vario, mentre essa potrebbe essere continuamente vivificata dalla potenza di un'invenzione originale. Non solo come forma esteriore, ma come espressione simbolica del tipo interno di ogni scienza e poesia, tale forma è eterna e capace di comprendere in sé i tre grandi oggetti della scienza e della cultura: la natura, la storia e l'arte. In quanto origine di tutte le cose, la natura è la notte eterna, e, in quanto unità per cui le cose stesse sussistono in sé, è l'afelio dell'universo, il luogo della lontananza da Dio, dal vero centro. La vita e la storia, la cui natura è progredire grado a grado, sono soltanto catarsi e trapasso ad uno stato assoluto, che è presente solo nell'arte, la quale anticipa l'eternità, è il paradiso della vita ed è veramente nel centro.

Considerato sotto ogni suo aspetto, il poema dantesco non è, pertanto, l'opera singola di una determinata epoca e di una fase particolare della cultura, ma è un archetipo, per la sua validità universale congiunta alla più assoluta individualità, per la sua universalità non escludente alcun lato della vita e della cultura, per la forma, infine, che non è un tipo particolare, ma il tipo della considerazione dell'universo in generale.

Il particolare ordinamento interno del poema non può avere questa validità universale, perché è informato ai concetti dell'epoca e alle particolari intenzioni del poeta; ma il tipo interno generale è anche esteriormente simboleggiato dalla forma, dal colore, dal tono delle tre grandi parti del poema, come non ci si può che attendere da un'opera così piena d'arte e profondamente concepita.

Di fronte alla straordinarietà della sua materia, occorreva a Dante, per la forma che le sue invenzioni assumevano in concreto, una specie di legittimazione, che poteva venirgli soltanto dalla scienza del tempo, la quale gli serve, per così dire, da mitologia e da fondamento generale, sorreggente l'ardita costruzione delle sue invenzioni. Ma anche nei particolari egli rimane totalmente fedele all'intento di essere allegorico, senza cessare per questo di essere storico e poetico. L'Inferno, il Purgatorio e il Paradiso sono, per così dire, solo il sistema della teologia, svolto in concreto ed in forma architettonica. Le misure, i numeri e i rapporti, da lui osservati al loro interno, erano prescritti da questa scienza. Di proposito egli ha rinunciato qui alla libertà dell'invenzione per dare al suo poema, illimitato nella materia, necessità e determinatezza per mezzo della forma. La generale sacralità e il significato dei numeri è un'altra delle forme esteriori su cui si basa la sua poesia. Così, in genere, l'intera erudizione logica e sillogistica dell'epoca è per lui solo forma, che gli si deve concedere, per poter toccare quella regione nella quale si trova la sua poesia.

Dante, tuttavia, in questa adesione alle rappresentazioni religiose e scientifiche, espressioni di ciò che di più valido gli offriva la sua epoca, non va mai alla ricerca di una specie di banale verosimiglianza poetica, rifiutandosi, piuttosto, con ogni mezzo, di lusingare la rozza sensibilità. Il suo ingresso nell'Inferno avviene, come doveva avvenire, senza alcun tentativo impoetico di motivarlo o di renderlo comprensibile, in una situazione simile a quella di una visione, senza che ci sia, però, l'intenzione di farla valere come tale. In un unico verso esprime la sua elevazione per mezzo degli occhi di Beatrice, attraverso i quali la potenza divina trapassa, per così dire, in lui. Trasforma immediatamente l'aspetto miracoloso degli eventi in una allegoria dei misteri della religione, convalidandoli con un mistero ancora più alto, come quando il suo accoglimento nella Luna, paragonato a quello del raggio di luce in un'acqua che rimane indivisa, diventa un'immagine dell'incarnazione di Dio.

Mostrare nella costruzione interna delle tre parti del mondo la pienezza della sua arte, la profondità del piano compositivo, che si spinge fin nei minimi particolari, esigerebbe una scienza speciale, come fu riconosciuto, poco dopo la sua morte, dai suoi concittadini, che istituirono una cattedra dantesca, che per primo tenne il Boccaccio.

Non soltanto le singole invenzioni di ciascuna delle tre parti del poema manifestano il significato universale della forma originaria, ma la sua legge si esprime, in maniera ancor più determinata, nell'interno ritmo spirituale che contraddistingue ognuna nei confronti delle altre. L'*Inferno*, il più terribile quanto alla materia che ha per oggetto, ha l'espressione più potente, lo stile più rigoroso ed è oscuro e tremendo anche nelle parole. Una profonda quiete si stende su una parte del *Purgatorio* una volta spentisi i lamenti del mondo sottostante, mentre sulla cima del monte, nei vestiboli del cielo, tutto si fa colore. Una vera musica delle sfere è il *Paradiso*.

La molteplicità e la varietà delle pene dell'*Inferno* sono escogitate con un'inventiva quasi senza pari. Tra le colpe e le pene non vi è mai altro rapporto se non poetico. Lo spirito di Dante non si spaventa davanti all'orrore, va anzi fino al suo limite estremo. Ma si potrebbe mostrare, per ogni singolo caso, che il suo stile resta sempre sublime e, perciò, veramente bello. Ciò, infatti, che le persone, incapaci di abbracciare il tutto, hanno contrassegnato, in parte, come volgare, non lo è in tal senso, ma costituisce un elemento necessario di quel genere misto che è il poema e in base al quale Dante stesso lo chiamò commedia. L'odio per la malvagità, il corruccio di un animo divino, che si esprime nella terribile composizione dantesca, non sono il patrimonio di una mente comune. Tutt'altro che degna di fede è l'opinione, generalmente accettata, che il bando da Firenze, dopo che egli aveva dedicato fino ad allora la sua poesia principalmente a cantare l'amore, sia stato lo sprone che spinse il suo spirito, incline alle cose serie e straordinarie, alla sua più alta creazione, nella quale trasfuse la totalità della sua vita, il destino del suo cuore e della patria, assieme all'indignazione che questo destino gli procurò. Nell'*Inferno* egli compie vendetta, ma in nome del tribunale del mondo, come designato giudice con poteri profetici, non sulla base dell'odio personale, ma con animo pio, indignato per gli orrori dell'epoca, e con un amor di patria da gran tempo non più conosciuto, come egli stesso si presenta in un passo del *Paradiso*, dove dice:

> Se mai continga che 'l poema sacro
> al quale ha posto mano e cielo e terra,
> sì che m'ha fatto per più anni macro,
> vinca la crudeltà che fuor mi serra
> del bello ovile ov'io dormi' agnello,
> nimico ai lupi che li danno guerra;
> con altra voce omai, con altro vello
> ritornerò poeta, ed in sul fonte
> del mio battesmo prenderò 'l cappello [...]

Tempera l'orrore delle pene dei dannati con la compassione che questi gli suscitano e che, giunto quasi alla fine di tanto strazio, gli fa velo agli occhi, così che è mosso al pianto e Virgilio gli domanda: «Perché ti rattristi?»

È già stato notato che, in rapporto alle colpe di cui sono l'espiazione, la maggior parte delle pene dell'*Inferno* sono simboliche.

Molte, però, lo sono in un rapporto ben più generale. Di questa specie è, in particolare, la rappresentazione di una metamorfosi, nella quale due nature si mutano contemporaneamente l'una nell'altra, e l'una mediante l'altra, scambiandosi, per così dire, la materia. Nessuna metamorfosi dell'antichità può misurarsi, quanto ad inventiva, con questa e, se un indagatore della natura o un poeta didascalico avessero la capacità di concepire simboli di tale forza dell'eterna metamorfosi della natura, potrebbero stimarsi fortunati.

Come è già stato notato, l'*Inferno* non si distingue dalle altre parti soltanto per la forma esteriore della rappresentazione, ma anche per il fatto di essere, in modo privilegiato, il regno delle forme e perciò la parte plastica del poema. Il *Purgatorio* è – bisogna riconoscerlo – la parte pittorica. Non soltanto le forme di espiazione qui inflitte ai peccatori sono in parte trattate in maniera del tutto pittorica, fino a trapassare in una luminosa serenità; ma, specialmente l'ascesa lungo la montagna sacra della purificazione, offre un rapido alternarsi di cangianti visioni, scene e molteplici effetti di luce, fino al suo limite estremo. Dal momento che il poeta tocca le rive del Lete, il sublime splendore della pittura e del colore si dischiude nella descrizione della primordiale, divina foresta che là si trova, della celeste limpidezza delle acque, coperte dalla sua ombra eterna, della vergine che egli incontra sul suo limite, e dell'arrivo, in un nembo di fiori, di Beatrice, coperta d'un bianco velo, coronata d'ulivo, avvolta in un verde mantello, vestita di porpora rosso fiammante.

Passando attraverso il centro della terra, il poeta è sbucato alla luce: nell'oscurità dell'*Inferno*, solo la forma poteva essere colta; nel *Purgatorio*, la luce prende fuoco, per così dire, ancora con la materia terrena e diventa colore; nel *Paradiso*, resta soltanto la pura musica della luce, cessa il riflesso e il poeta si eleva, grado a grado, fino alla visione della pura sostanza incolore della divinità stessa.

Il fondamento, sul quale poggiano in questa parte del poema le sue invenzioni, è la visione del sistema dell'universo, della virtù delle stelle e della misurazione del loro moto, visione rivestita all'epoca del poeta di dignità mitologica; e se egli, in questa sfera dell'assolutezza, lascia ancora sussistere gradi e differenze, li annulla con le meravigliose parole che fa dire a una delle anime sorelle che incontra sulla Luna: che in ogni dove in cielo è Paradiso.

L'impianto del poema esige che vengano discusse, durante l'ascesa attraverso il Paradiso, le più alte proposizioni della teologia. La profonda deferenza verso questa scienza è prefigurata dall'amore per Beatrice. Nella misura in cui la visione si dissolve nel puro universale, la poesia diventa necessariamente musica, la figura scompare, e l'*Inferno* può apparire, in questo rapporto, come la parte più poetica. Qui, però, niente è da prender singolarmente e la particolare eccellenza di ogni parte è garantita e riconoscibile solo se è in armonia con il tutto. Se si considerano le tre parti nel loro rapporto con il tutto, si deve necessariamente riconoscere che il *Paradiso*, nell'intenzione stessa del poeta, espressa anche nelle forme esteriori con il frequente impiego delle parole degli inni ecclesiastici latini, è la parte puramente musicale e lirica.

L'ammirevole grandezza del poema, che risulta nella compenetrazione di tutti gli elementi della poesia e dell'arte, raggiunge così pienamente la sua manifestazione esteriore. Quest'opera divina non è plastica, né pittorica, né musicale, ma tutto in uno e in concordante armonia: non drammatica, né epica, né lirica, ma un'unica particolarissima mescolanza, che non ha riscontri.

Nel contempo, spero di aver mostrato che essa è profetica ed esemplare per tutta la poesia moderna. Essa racchiude in sé tutte le determinazioni e si eleva dalla sua varia e complessa materia come la prima pianta che si spande sulla terra, protendendosi verso il cielo, come il primo frutto della trasfigurazione. Chi vuol conoscere, non in base a concetti superficiali, ma risalendo alla sua origine, la poesia posteriore deve frequentare questo spirito grande e severo per apprendere con quali mezzi si possa abbracciare la totalità dell'età moderna e come soltanto un solido legame possa unificarla. Chi non è a ciò chiamato, può rivolgere a sé stesso le parole che stanno all'inizio della prima parte:

LASCIATE OGNI SPERANZA, VOI CH'ENTRATE

Friedrich Bouterwek

LA DIVINA COMMEDIA DI DANTE

Tutte queste poesie liriche [trattate precedentemente] sono, però, oscurate dall'opera più grande, che assicura al suo autore l'immortalità, a cui aspirava, ponendolo tra i nomi dei più grandi poeti.

Non uno dei suoi ammiratori e dei suoi commentatori, ma Dante stesso, intitolò *commedia* questa grande opera, e questo titolo, da lui stesso scelto per descrivere un viaggio poetico attraverso l'Inferno, il Purgatorio e il Paradiso è una testimonianza dell'immaturità della critica al tempo di Dante. Secondo la teoria di Dante, si dànno solo queste tre specie di stile: il tragico, il comico e l'elegiaco. È ciò che afferma diffusamente già nel suo scritto in latino sull'eloquenza.[1] In base a questa distinzione, soltanto per modestia o per accortezza sembra che egli abbia chiamato il suo grande poema, la cui prima parte parla così potentemente la lingua

---

* Diversamente dal testo originale, la traduzione riporta le citazioni dantesche non dall'edizione delle *Opere* (Venezia 1757-1758) usata dal Bouterwek, ma da quella più recente: D. Alighieri, *Tutte le opere*, a cura di Luigi Blasucci, Firenze, 1965; così pure la numerazione delle note non adotta le lettere dell'alfabeto latino, come in Bouterwek, ma le cifre arabiche, e segue una progressione che tiene conto delle sole pagine qui tradotte. (*Nota del traduttore*).

[1] «[...] in hiis que dicenda occurrunt debemus discretione potiri, utrum tragice, sive comice, sive elegiace sint canenda. Per tragediam superiorem stilum inducimus, per comediam inferiorem, per elegiam stilum intelligimus miserorum». Queste le parole del *De vulgari eloquentia*, lib. II, c. IV. I logici si sono invano preoccupati di scoprire il principio di questa tripartizione. Ancora più enigmatico è il passo seguente: «Si tragice canenda videntur, tunc assumendum est vulgare illustre [...]. Si vero comice, tunc quandoque mediocre, quandoque humile vulgare sumatur [...]». *Loc. cit.* Ora, la lingua della *Divina Commedia* dovrebbe, appunto, essere un *volgare illustre*. Sembra che con il titolo di *commedia* Dante volesse farsi scusare le libertà che si prendeva con il volgare illustre del suo tempo, avendo in animo di trasformarlo, arricchendolo con l'apporto di parecchi altri, in uno *illustre*, al cui confronto il precedente era solo un *volgare*. Ma anche con ciò non è detto che si sia colta la vera intenzione del poeta.

del vero pathos tragico come non fa alcun altro poema moderno, una commedia, cioè un poema scritto in stile umile. Tutto questo spiega nella lettera dedicata a Can della Scala, da lui molto stimato e al quale dedicò la terza parte del poema, il *Paradiso*. In essa ripete la divisione dello stile nelle tre specie già menzionate, spiegando, però, la divisione in maniera del tutto diversa. Secondo questa spiegazione, la tragedia è all'inizio ammirevole e calma, al termine orribile e spaventosa, ed è chiamata tragedia dal termine greco che designa un capro. La commedia, invece, comincia, secondo la teoria di Dante, in maniera dimessa e si conclude felicemente. Così, anche per il fatto che il poema si svolge a partire dall'Inferno e arriva al Paradiso e non dal Paradiso all'Inferno, lo chiama una commedia.[2]

Proprio da questa lettera dedicatoria apprendiamo che Dante intendeva congiungere un senso allegorico a quello letterario, e che gli interpreti antichi, che cercano in questo poema soprattutto l'allegoria, non sono sulla falsa strada come alcuni degli interpreti moderni rimproverano loro.[3] Per questo intreccio di senso allegorico e di senso letterale, Dante si è smarrito nella sua stessa creazione. Un poema allegorico non poteva essere in maniera convincente un

---

[2] La lettera di dedica a Can della Scala ci dà, sulla base della teoria di Dante, più lumi di tutte le polemiche dei letterati italiani sullo spirito della *Divina Commedia*. Ciò che più desta meraviglia è il fatto che la maggior parte dei letterati, gli stessi dotti Fontanini e Tiraboschi, non facciano cenno a questa singolare lettera, o sembrino non conoscerla. Essa si trova nell'edizione veneziana in 4° di Dante, vol. 4, P.I., p. 400. S'intitola *Magnifico atque victorioso domino domino Cani Grandi de la Scala, sacratissimi Cesarei Principatus in urbe Verona et civitate Vicentie Vicario generali, devotissimus suus Dantes Alagherii florentinus natione non moribus...* – Il passo, in cui Dante caratterizza il suo poema come commedia, suona: «[...] est comedia genus quoddam poetice narrationis ab omnibus aliis differens. Differt ergo a tragedia in materia per hoc, quod tragedia in principio est admirabilis et quieta, in fine seu exitu est fetida et horribilis; et dicitur propter hoc a 'tragos' [...] Comedia vero inchoat asperitatem alicuius rei, sed eius materia prospere terminatur [...]. Similiter differunt in modo loquendi [...]». Qui, egli ritorna alla sua teoria precedente.

[3] Dante presenta le sue idee sul significato allegorico del suo poema e dell'allegoria in generale con tutta la pompa delle sottigliezze scolastiche. Nel giudizio di un'opera si devono considerare sei aspetti, e cioè *factum, agens, forma, finis, libri titulus et genus philosophiae*. Infatti, con una parola barbara chiama *polysensum* il significato del suo poema. Per spiegare la differenza tra il senso letterale e quello allegorico, sceglie un'espressione dell'Antico Testamento in cui si parla dell'uscita degli Israeliti dall'Egitto e, contemporaneamente, secondo la spiegazione di Dante, della redenzione dell'uomo ad opera di Cristo. Il soggetto morale dell'allegoria del poema è, alla fine, secondo la sua stessa spiegazione, l'*uomo in generale*, in quanto è sottoposto per l'opera meritoria o colpevole del suo libero arbitrio alla giustizia che punisce e premia. La lettera dedicatoria a Can della Scala, che serve anche di prefazione al *Paradiso*, termina con una partizione di quest'ultimo, secondo il metodo scolastico.

racconto in cui fossero presentati personaggi veri che parlano e agiscono. La *Divina Commedia* di Dante doveva diventare un simile poema. La sua indimenticabile Beatrice doveva essere il personaggio principale e, in un certo senso, l'eroina del racconto. A molti altri personaggi, storicamente noti, egli voleva assegnare un posto nell'*Inferno*, nel *Purgatorio*, e nel *Paradiso*. E tuttavia il senso allegorico doveva essere la speciale bellezza dell'intera invenzione. Persino la deificazione di Beatrice, quale si ha nel poema, doveva acquistare il suo più alto significato solo mediante il senso allegorico. Con questo progetto troppo artificioso di un poema storico-allegorico, Dante s'avviluppò in una rete di sottigliezze. La verità poetica e l'allegoria mal si adattavano a questa compenetrazione. Non rimase al poeta ingegnoso e amante del mistero nient'altro che aiutarsi con salti nel vuoto, e con ciò nascondere, ora la narrazione per mezzo dell'allegoria, ora questa per mezzo di quella, così che nessun interprete è in grado di tenergli dietro. Così, quale personificazione della sapienza celeste, osò introdurre quella stessa Beatrice che, come Bice Portinari, era stata la donna da lui amata. Così poté respingere come inammissibili tutte le richieste critiche di spiegare il cammino che dall'Italia porta all'Inferno, e, dalla più alta sfera celeste, di nuovo all'Italia. Allegoricamente intraprende il suo viaggio; come ne sia ritornato a casa, lo lascia indovinare a noi.

Non si può stabilire se sia stato lo stesso Dante ad aggiungere l'epiteto di *divina* alla sua commedia-racconto. Se fu lui a farlo, con ciò aveva senza dubbio presente il contenuto teologico, non il risultato estetico dell'opera.

Per apprezzare questo risultato, non bisogna soltanto distinguere lo spirito dell'epoca da quello del poeta, occorre addentrarsi più volte nell'ampio labirinto gotico. Bisogna misurare l'invenzione con il metro della realizzazione. La nebbia dell'allegoria che copre il tutto rende difficile il colpo d'occhio, che è, invece, facilitato dal considerare dapprima solo il senso e le partizioni del tutto e della composizione, e poi, con calma, le parti più belle.

La *Divina Commedia* di Dante non è un'epopea. Non ha un eroe, un'azione nel senso epico; è una descrizione poetico-teologica di un viaggio. Ciò che di più alto una fantasia poetante sulla teologia poteva abbracciare, il Paradiso e l'Inferno, sono gli estremi del viaggio. Ponte fra i due è il Purgatorio. Così appaiono, a prescindere dall'apporto del poeta, le tre parti principali della *Divina Commedia*, secondo la dottrina della Chiesa cattolica.

Ma di compiuto la dottrina della Chiesa ha dato al poeta solo quest'abbozzo, neanche un compendio. Gli stessi Padri della Chiesa e la *Legenda* dànno solo notizie discordanti sull'ordinamento interno dell'Inferno, del Purgatorio e del Paradiso. Qui, Dante stesso dovette diventare il creatore del mondo infra- e ultraterreno. Di conseguenza, dovette inventare monti e valli, mari, fiumi, castelli, paludi e quant'altro si incontra in un viaggio. Alla sua discrezione poetica era lasciato l'intero ordinamento spaziale delle pene infernali, l'assegnazione dei tormenti, i mezzi per la purificazione delle anime e la varietà delle beatitudini celesti. È tutt'altro che facile tener dietro all'ingegnoso inventore nell'ordinamento che ha ritenuto bene di adottare. Ancor meno comprensibile, in generale, il motivo per cui certi delitti sono puniti, secondo la giustizia penale di Dante, proprio in quel determinato modo, o perché certe virtù vengano premiate così e non altrimenti. Anche i mezzi di purificazione del Purgatorio sono ordinati secondo una terapia speciale, alla cui spiegazione la filosofia, per lo meno quella intesa come medicina spirituale, non basta.

Per quanto fu possibile, l'ortodossia e l'erudizione si sono unite alla fantasia di Dante con un giusto senso della verità e della grandezza estetica per dare una forma del tutto adeguata all'Inferno, al Purgatorio e al Paradiso. Nella *Divina Commedia*, l'Inferno è un abisso a forma di imbuto; quanto più si scende in profondità tanto più diventa orribile, secondo l'ininterrotta progressione nella gravità delle colpe. Il Purgatorio è una montagna fiammeggiante; quanto più si sale verso l'alto, tanto più si avvicina al Paradiso che, d'altra parte, è quasi più aderente al modo di immaginare naturale. Al pari di quanto si vede nel nostro mondo sensibile, comincia con sole, luna, stelle, perdendosi oltre queste nell'empireo, sede della magnificenza divina. Collegare, però, topograficamente, nella forma scelta da Dante, queste tre parti ideali, Inferno, Purgatorio e Paradiso, non era possibile senza un'enorme confusione di tutte le rappresentazioni naturali. Fin tanto che il viaggio all'Inferno va all'ingiù, tutto procede bene; ma come si può passare dal punto più profondo di un abisso ai piedi di un opposto monte? Davanti a questo problema, ammutolisce ogni verisimiglianza fisica. E il modo in cui Dante supera o, per dirla più propriamente, scavalca questa verisimiglianza è forse la trovata più grottesca che mai sia potuta venire in mente ad un uomo. Nel punto più profondo del baratro infernale sta Lucifero, il re dell'Inferno, o, come si dice nello stesso poema, l'imperatore del doloroso regno.[4] Nella sua mostruosa forma di gigante è così imponente che è piuttosto Dante ad assomigliare ad un gigante, che non un gigante al braccio di Lucifero.[5] Dante e la sua guida, aggrappandosi all'arruffato vello di questa mastodontica potestà infernale, scendono fin dove le cosce del mostro si perdono nel ghiaccio eterno. Là giunti, i pellegrini d'un colpo si girano, sì che le loro teste, rispetto alla loro precedente posizione, stanno all'ingiù; sono, all'opposto, in alto, rispetto alla nuova direzione impressa da questo capovolgimento. Ora, stanno ai piedi della montagna del Purgatorio, e vedono Lucifero pressappoco come ci si vede in uno specchio posto a terra: in alto, le gambe; in basso, la testa; è un'eccesso di fantasia. Il cammino che dal Purgatorio porta al Cielo non ha luogo su un terreno solido, ma con un naturale e poetico librarsi in alto, partendo dalla cima del Purgatorio, dove si trova il Paradiso terrestre, dapprima toccando la Luna, e, da questa, seguendo il sistema tolemaico, sempre più in alto, fin oltre le stelle.

Trovata la connessione del mondo spirituale, la suddivisione di ognuna delle tre parti principali del tutto, in cerchi e in sezioni, non era per la fantasia di Dante una fatica più leggera, ma la fede nel potere magico dei numeri e nei dogmi della Chiesa alleggerirono al poeta un compito che difficilmente si sarebbe potuto realizzare, ricorrendo ai diversi gradi morali e psicologici delle colpe e delle virtù, delle pene e dei premi. L'Inferno ha nove cerchi, nove sfere il Paradiso, sette gironi il Purgatorio. Ai conoscitori dei dogmi cattolici sarà ancor più evidente la correlazione tra i cerchi dell'Inferno e i gironi del Purgatorio e il numero dei peccati che si possono o non si possono rimettere. Secondo il sistema tolemaico, l'ordinamento del cielo nel Paradiso dantesco si basa sui sette pianeti, a cui si aggiungono, come ottavo e nono, il cielo delle stelle fisse e il cielo della magnificenza. Era certamente un'idea audace, per quel tempo, sistemare i beati anche sui pianeti e sulle stelle, e non solo in un particolare cielo iperuranico.

Nella *Divina Commedia* l'Inferno è la parte che ha il maggior

---

[4] «Lo 'mperador del doloroso regno» (*Inf.* XXXIV 28).

[5] «e più con un gigante io mi convegno,
che giganti non fan con le sue braccia» (*Inf.* XXXIV 30-31).

numero di suddivisioni locali. Ad uno viene il capogiro davanti a tutti quei cerchi, alle mura, ai fiumi, alle pozze di zolfo, alle tombe, alle zone infuocate, alle fosse ghiacciate e a quant'altro c'è qui da osservare. Senza studio, non se ne viene a capo. Ma, in ultima analisi, non vale la pena di sprofondarsi nello studio di questo ordinamento dell'Inferno, frutto soltanto della fantasia di Dante. Poca o, addirittura, nessuna parte ha la sensibilità estetica in tutto quello che nella *Divina Commedia* è sistema.

Tanto meno hanno un interesse estetico la maggior parte delle pene, dei mezzi di purificazione e dei premi, nell'assegnare i quali Dante non si è fatto scrupolo di anticipare il Giudice del mondo. Anche qui sta a fondamento una leggenda scritta o orale. La maggior parte delle pene sono tanto terribili, quasi uno le incontrasse davvero là dove Dante, in base ai criteri poetici, le assegna. Gli ignavi, una specie di peccatori meritevoli più di disprezzo che di una particolare pena, che non agirono né bene né male,[6] sono tormentati in modo barbaro e disgustoso nel vestibolo dell'Inferno, dove la situazione è ancora sopportabile, in compagnia degli spiriti che durante la rivolta scoppiata in Cielo si mantennero neutrali, non aderendo né al gruppo dei ribelli né a quello dei fedeli. Nudi, come sono, sono punti da mosche e da vespe, e il sangue, che misto a lacrime scorre ai loro piedi, è succhiato da vermi:[7] punizione più terribile e doppiamente disgustosa anche rispetto a quella che nella mitologia greca colpisce lo sventurato Prometeo, a cui un avvoltoio divora il fegato, che sempre ricresce. Dopo un tale avvio, non era piccola impresa esercitare la propria funzione di punitore e d'infliggere con coerenza, cerchio dopo cerchio, punizioni sempre più dure ai responsabili di peccati più gravi. Nel cerchio seguente, dove l'Inferno comincia a farsi sentire, i lussuriosi sono trattati

---

6 «[...] l'anime triste di coloro
che visser sanza infamia e sanza lodo.
Mischiate sono a quel cattivo coro
delli angeli che non furon ribelli
né fur fedeli a Dio, ma per sé foro.
Caccianli i ciel per non esser men belli,
né lo profondo inferno li riceve,
ch'alcuna gloria i rei avrebber d'elli» (*Inf.* III 35-42).

7 «erano ignudi, stimolati molto
da mosconi e da vespe ch'eran ivi.
Elle rigavan lor di sangue il volto,
che, mischiato di lagrime, ai lor piedi
da fastidiosi vermi era ricolto» (*Inf.* III 65-69).

meglio degli ignavi, che stanno sopra di loro. Nell'oscurità, una bufera li trascina intorno senza sosta: un mezzo dubbio per smorzare la loro passione; o, piuttosto, la loro pena non deve consistere nel fatto che essi, preda della vertigine e nella sensazione della loro impotenza, sempre più s'accendono di passione? I golosi sono giustamente immersi nella fetida melma. Difficile, invece, indovinare perché su di loro piova e grandini ininterrottamente. Più senso c'è nella punizione degli avari e dei prodighi. Sono assieme, e già questo fatto sarebbe per essi una punizione. Con grandi urla rotolano dei pesi gli uni verso gli altri, risospingendoli indietro una volta pervenuti ai propri posti. Così, il prodigo arricchisce invano l'avaro e l'avaro fatica invano per il prodigo. In un cimitero invaso dalle fiamme giacciono gli eretici in sarcofagi aperti e infuocati. Capita di tutto anche che se ne escano di là e che noi li incontriamo un po' più in basso. Solo a partire da questo cerchio dell'Inferno, sembra che il poeta si sia proposto di seguire un sistema più preciso. Presenta, addirittura, dei dubbi sulle pene dei peccatori che stanno più in alto, dubbi che gli sono sciolti, a suo parere in maniera piena e completa, dalle sue distinzioni. In base ad analoghe distinzioni, segue un sistema scolastico delle colpe, grazie al quale si fanno tre partizioni principali delle molteplici colpe che seguono subito dopo. Violenza, frode e usura: sono queste le tre rubriche, presentate in maniera piuttosto strana. I peccatori che si sono dati a piaceri contro natura sono posti non tra i lussuriosi, ma tra i violenti, giacché il piacere contro natura viene punito come una violenza contro la natura. In base a questo sistema, anche i suicidi appartengono ai violenti. La loro pena è terribile, ma non male escogitata. Essi sono gli unici peccatori a non comparire, nell'Inferno dantesco, in figura umana, perché, come dice il poeta, ciò che l'uomo toglie a se stesso, a buon diritto non lo riottiene. I suicidi sono trasformati in nodosi alberi, sui cui rami le Arpie, che si nutrono del loro fogliame, nidificano, e ad ogni morso fanno sanguinare, come per una ferita, l'albero.[8] Dal momento che anche

---

[8] Il poeta ne è informato da uno di questi nodosi alberi. Il passo non è uno dei peggiori.

«Allor soffiò il tronco forte, e poi
 si convertì quel vento in cotal voce:
 'Brievemente sarà risposto a voi.
Quando si parte l'anima feroce
 dal corpo ond'ella stessa s'è disvelta,
 Minòs la manda alla settima foce.

il punto più profondo dell'Inferno doveva essere occupato, non vi sarà presumibilmente alcuna obbiezione a proposito di quelli che Dante vi ha collocato: i traditori, e, in particolare, i traditori dei loro benefattori. Irrigiditi dal gelo, sono imprigionati nel ghiaccio eterno. Tra loro, Lucifero, con metà del corpo congelato, ha invece libere le braccia e le sue tre fauci, onde eseguire la punizione. Con insaziabile appetito o furore, giacché non si sa bene cosa veramente voglia, le sue sei file di denti stritolano in sincronia tre traditori. Il poeta non ha chiaramente spiegato se Lucifero li digerisca, o se, più probabilmente, sputi fuori i peccatori maciullati, lasciandoli da parte fino a che tocca di nuovo a loro.

Se a una libera considerazione della composizione della prima parte della *Divina Commedia* è difficile rimanere sempre seri, l'ordinamento del *Purgatorio* dantesco fa spesso ridere là dove vorrebbe suscitare una partecipazione seria. I superbi trasportano pesanti massi, che con il loro peso li rannicchiano a terra.[9] Gli invidiosi vanno furtivi, ricoperti di cilici, con le palpebre cucite da un filo di ferro, così che non possono vedere. Gli iracondi sono avvolti dal fumo. Un magnifico albero attira i golosi a cibarsi dei suoi frutti odorosi, ma, quando tentano di prenderli, ricevono come nutrimento utili insegnamenti. I peccati di lussuria sono purificati direttamente dalle fiamme.

Ma la fantasia creativa di Dante dovette trovarsi in maggior imbarazzo, quando volle escogitare, nel *Paradiso*, appropriati premi per i beati in base alla modalità e al grado delle virtù. Come doveva ovviare alla povertà poetica della sua dogmatica? La visione della magnificenza celeste non era un'idea che lo aiutasse, perché non poteva descrivere in che cosa questa consistesse. Con canti e preghiere, che pone in bocca ai beati, poteva esprimere la lode di Colui che le virtù onorano: pure con ciò non era detto come esse lo onorassero. Soprattutto qui, la fantasia veniva a cozzare contro l'i-

---

Cade in la selva, e non l'è parte scelta;
ma là dove fortuna la balestra,
quivi germoglia come gran di spelta.
Surge in vermena ed in pianta silvestra:
l'Arpìe, pascendo poi delle sue foglie,
fanno dolore, ed al dolor fenestra.
Come l'altre verrem per nostre spoglie,
ma non però ch'alcuna sen rivesta;
ché non è giusto aver ciò ch'om si toglie'» (*Inf.* XIII 91-105).

9 [...]«La grave condizione
di lor tormento a terra li rannicchia» (*Purg.* X 115-116).

neffabile e il vuoto impoetico. Un'unica rappresentazione teologica del Paradiso si presentava utile al poeta: secondo la dogmatica dantesca, i beati erano immersi nella luce. La luce doveva, dunque, essere adoperata quale materiale della beatitudine. Splendenti e baluginanti, o scintille luminose, i beati del Paradiso dantesco si librano in sù e in giù, di qua e di là; cantano salmi, eseguono danze allegoriche, esultano in processioni magnifiche, dibattono problemi teologici e metafisici. Il carattere peculiare che la beatitudine ha in ogni sfera celeste, è passato sotto silenzio. In una specie di disperazione poetica, Dante utilizzò, presumibilmente senza saperlo, la coincidenza, per niente significativa, del nome dei pianeti con il carattere delle divinità pagane aventi lo stesso nome, per dare, nell'uniformità poetica del gaudio celeste, una gerarchia alla monotonia di quegli esseri che, eternamente splendenti, danzano, cantano, disputano di teologia. Sulla Luna, il pianeta della vergine Diana, è premiata la castità; su Marte, il valore degli eroi morti per la fede; su Venere, sfruttando un po' la sinonimia, gli amanti. Forse gli astrologi sapranno come mai i giusti siano finiti su Giove e i pii eremiti su Saturno. Oggetto di meraviglia per i filosofi dovrebbe essere il fatto di veder premiate non solo in Paradiso, ma poste addirittura più in alto delle anime dei vergini, quelle anime che per vanità sono diventate pie e virtuose. Nel descrivere i beati su Giove, si ricorda del significato mineralogico del nome: è il pianeta d'argento. Le scintille spirituali che lassù vagano hanno lo splendore dell'oro: compenetrate dalla loro beatitudine, intrecciano, oro su argento, un balletto, formando alla fine, una sillaba dopo l'altra, in caratteri latini, il versetto: «*Diligite iustitiam, qui iudicatis terram*». Dopo aver rappresentato, danzando, questo versetto, esse si raccolgono in figura d'aquila dorata, che, formata soltanto dalle anime dei giusti, s'intrattiene come un'unica entità con il poeta.[10] In tali grotteschi e puerili giochetti è caduto un poeta di

---

[10] Di tutti gli sviamenti di cui il genio di Dante si è reso colpevole l'ampia descrizione della danza dei giusti è uno dei minori. Invocata la musa, perché gli conceda di riuscir a descriver quella danza, prosegue:

«Mostrarsi dunque in cinque volte sette
vocali e consonanti; ed io notai
le parti sì, come mi parver dette.
'DILIGITE IUSTITIAM' primai
fur verbo e nome di tutto 'l dipinto;
'QUI IUDICATIS TERRAM' fur sezzai.

cui a ragione ammiriamo in tanti altri passi la rara sensibilità per ciò che è grande, e persino nella sfera del suo quinto cielo, avendo voluto ottenere i fiori della poesia anche dal nudo terreno del suo Paradiso teologico.

Bastano ancora poche parole per dimostrare che, pur considerato sotto ogni suo altro aspetto, l'onore della composizione della *Divina Commedia* non si può salvare.

Dato che l'intero poema è soltanto la descrizione poetica di un viaggio e non contiene un'azione epica che non sia il superamento delle difficoltà del viaggio, scompare ogni intreccio, e con questo ogni collegamento delle vicende in un tutto estetico, e, soprattutto, scompare ogni unità non puramente teologica dell'intera composizione. Nella *Divina Commedia* non difettano i personaggi, né nell'*Inferno*, né nel *Purgatorio*, né nel *Paradiso*. Ma fra i molti personaggi che il poeta ci fa conoscere non sussiste alcun rapporto o, meglio, alcun rapporto poetico. Le anime dannate, purganti e beate, formano tre classi di esseri tra loro separate. Non molto maggiori sono i rapporti personali all'interno di questi tre gruppi. Dappertutto i molti cerchi, gironi, sfere, si rivelano altrettante barriere tra i personaggi che man man noi conosciamo. Persino all'interno di queste suddivisioni, i personaggi si preoccupano poco o nulla degli altri; ogni dannato ne ha abbastanza di sopportare i propri tormenti. Soltanto qualche volta, nei cerchi in cui uno è il tormentatore dell'altro, gli uni si interessano agli altri. È proprio nel *Purgatorio* che questo fissarsi dell'interesse sul singolo appare dominante. Gli stessi beati del *Paradiso* non hanno alcunché da scambiarsi, tolto i momenti in cui, più o meno assieme, cantano, danzano, o sfilano in processione.

Un legame, che colleghi in un tutto estetico i quadri della *Divina Commedia*, si potrebbe tutt'al più considerare l'azione premurosa dell'adorata Beatrice, cantare la cui perfezione era il grande scopo del poeta. Persino in Paradiso Beatrice ha pensato al suo poeta; per lui, per illuminarlo e salvarlo dall'errore, ha organizzato l'intero viaggio soprannaturale. Gli ha mandato incontro la guida, che già fin dall'inizio l'accompagnasse nel mondo ignoto; per essere guida al suo eletto, una volta che questi ha già compiuto la traver-

---

Poscia nell'emme del vocabol quinto
rimasero ordinate [...]» (*Par.* XVIII 88-95).

Anche l'invenzione dell'aquila, formata dalle anime dei giusti, ha pochi eguali, quanto a singolarità, in tutto il poema.

sata dell'Inferno, luogo in cui la sua anima pura non poteva penetrare, è discesa essa stessa dal suo seggio celeste. Ai confini tra Purgatorio e Paradiso, l'accoglie e ne diventa l'accompagnatrice, e, ciò che più importava a Dante, la maestra nella dottrina della sapienza celeste. Gli scioglie un gran numero di dubbi teologici e metafisici; lo conduce, lui che in Paradiso, alla fine, non vede niente di più bello di lei, sempre più in alto, fino al momento in cui, riprendendo il suo posto nella prima fila dei beati, lascia momentaneamente il povero poeta al suo destino. Per quanto tenue sia questo filo collegante poeticamente il tutto, il nostro interesse vi resta fisso, dato che non ce n'è un altro di più consistente e dato che è la mano dell'amore a dipanarlo. Ma occorre qualcosa di più per avere l'unità di un poema epico.

Salta facilmente all'occhio quale genere di interesse abbia guidato il poeta nella scelta dei personaggi che affollano gli ampi spazi del suo mondo soprannaturale. Ortodossia, riconoscimento e vendetta lo elevarono a poeta-giudice del mondo, con il sopravvento ora di uno ora di un altro di quei sentimenti. La storia antica e quella moderna gli offrivano un numero sufficiente di soggetti da poter, a sua discrezione, dannare o purificare nel Purgatorio, o dichiarare beati, da porre qui e là, più in alto o più in basso.

Nel più grande imbarazzo mettevano il poeta, tenuto a giudicare cristianamente, i pagani virtuosi. In più d'un'occasione, mostra quanto gli pesasse il pensiero di saper cacciati tra i peccatori dal verdetto della giustizia divina uomini che vissero esemplarmente e che, senza loro colpa, non furono cristiani. Di loro si ricorda persino in Paradiso. Prega la miracolosa aquila, formata dalle anime dei giusti e che, quindi, così pensa Dante, deve capire qualcosa della giustizia divina, di togliergli questo peso dall'animo. Ma la risposta che ottiene non è molto consolante: è invitato dogmaticamente al silenzio, in quanto creatura che non vede più in là di una spanna e non è chiamata a sedere in giudizio con Dio.[11] Se qui, e in ogni oc-

[11] Dice l'aquila:

«Or tu chi se' che vuo' sedere a scranna,
    per giudicar di lungi mille miglia
    con la veduta corta d'una spanna?
    ...
Oh terreni animali! oh menti grosse!
    La prima volontà, ch'è da sé bona
    da sé, ch'è sommo ben, mai non si mosse» (*Par.* XIX 79-81, 85-87).

Dai tempi di Giobbe, sembra che non si possa far a meno, sia in poesia sia in prosa, di un

casione, Dante si piega ubbidiente alla dottrina della Chiesa, è, però, anche evidente la sua predilezione per i pagani virtuosi. Il Limbo, in cui sono posti assieme i Patriarchi e altri giusti dell'Antico Testamento, è sì il primo cerchio dell'Inferno, ma solo il bordo dell'abisso, ancora al di sopra della voragine. Alcuni raggi della luce celeste rischiarano questo luogo; soprattutto non è spaventoso. Inoltre, al di fuori del Limbo, in nessun altro luogo dell'intera *Divina Commedia* si trova una simile buona società.[12] Tuttavia, il petto del poeta si serra per il dolore, al pensiero che persone così valenti debbono stare sospese tra Inferno e Paradiso.[13] Più d'una volta si prende coraggiosamente la libertà di porre l'uno o l'altro di questi in Purgatorio e, addirittura, in Paradiso: con quale diritto, è difficile dire, stando alla sua fede nella dottrina della Chiesa. Proprio all'entrata del Purgatorio, incontra *Catone l'Uticense*, che, presumibilmente, conosceva solo dalla lettura di Lucano e che, quindi, onorava come un eroe ed un personaggio d'eccezione. Nel suo entusiasmo, non solo dimenticò che Catone era un pagano, ma giunse ad affermare che il corpo, o come poeticamente Dante lo chiama, la veste, da quest'uomo eccezionale abbandonata a Utica, risplenderà luminosa nel giorno della risurrezione.[14] Ciò afferma quello stesso poeta che, nell'*Inferno*, ha assegnato ai suicidi un'orribile punizione. Ad un analogo caso di incoerenza lo svia la sua erudizione, che, nel *Paradiso*, gli fa mettere tra i giusti l'eroe troiano Rifeo, perché Virgilio, una volta, nell'*Eneide*, lo chiama uno de-

---

acerbo rimprovero, quale argomento decisivo allorché si devono distruggere d'un sol colpo tutti i dubbi nei confronti di una teodicea dogmatica.

[12] La descrizione, che Dante fa di questa società, ha un fascino gioiosamente tranquillo e, nel suo genere, ineguagliabile.

«Genti v'eran con occhi tardi e gravi,
di grande autorità ne' lor sembianti
parlavan rado, con voci soavi».

L'idea di far comparire Omero con una spada in mano appartiene ai fronzoli gotici, che sciupano i più bei quadri.

«Mira colui con quella spada in mano
...
Quelli è Omero poeta sovrano [...]» (*Inf.* IV 112-114, 86, 88).

[13] «Gran duol mi prese al cor quando lo 'ntesi,
però che gente di molto valore
conobbi che 'n quel limbo eran sospesi» (*Inf.* IV 43-45).

[14] «[...] in Utica la morte, ove lasciasti
la vesta ch'al gran dì sarà sì chiara» (*Purg.* I 74-75).

gli uomini più giusti.[15] Tanto maggiore è la meraviglia per questo fatto, in quanto poco prima la questione della beatitudine dei pagani, discussa tra il poeta e l'aquila, era stata risolta da quest'ultima con una sentenza teologica che non ammetteva repliche.

Ma è nella scelta della sua guida che l'amore di Dante per i pagani di nobile animo, non certo in accordo con la teologia, si mostra nella maniera più evidente. Indubbiamente, Virgilio era il poeta che egli stimava più di tutti, e, a dispetto di tutta la teologia, su richiesta di Beatrice, Virgilio dovette accompagnarlo anche attraverso l'Inferno e il Purgatorio. La filiale venerazione, con cui Dante segue questa guida e fa tesoro di ogni sua parola quasi si trattasse di un oracolo, è una delle caratteristiche più notevoli del grande affresco. Ciò che per il cuore del poeta era Beatrice, lo era Virgilio per il suo spirito. Il suo entusiasmo non poteva separare le immagini dei due prediletti.

Tutti gli altri personaggi che hanno un ruolo nella *Divina Commedia* potevano, senza discapito per il tutto, essere sostituiti da altri: nessuno di loro rende necessari gli altri. Si allineano gli uni dopo gli altri, secondo le loro virtù e i loro vizi: certamente, qualcuno deve il suo posto solo al momentaneo ricordo del poeta, che, in un altro momento, avrebbe forse pensato ad un personaggio completamente diverso.

A quanto pare, alcuni peccatori, ai quali il poeta voleva sinceramente bene, hanno il loro posto all'*Inferno* solo in forza della sua falsa scrupolosità morale. Tra questi, l'amico e maestro di Dante, il notaro Brunetto Latini, messo a penare tra i dannati espianti i piaceri contro natura. Interpreti criticoni hanno rimproverato il poeta di una grossolana mancanza di riconoscenza. Il difetto che più ragionevolmente gli si può rimproverare è un ingenuo scambio tra convinzioni morali e doveri di poeta. Forse, lo smarrimento dei sensi di Brunetto era talmente noto a Dante, che, con tutto il dispiacere possibile, la sua coscienza doveva impietosamente dannarlo nell'Inferno. L'errore fu solo quello di non averlo passato sotto silenzio nel suo poema.[16]

---

[15] Con lo stesso Dante ci si potrebbe qui chiedere:

«Chi crederebbe giù nel mondo errante,
che Rifeo Troiano in questo tondo
fosse la quinta delle luci sante?» (*Par.* XX 67-69).

[16] Abbastanza ingenuo è anche lo stupore, espresso dal poeta in cinque parole, nell'incontrare nell'Inferno il maestro.

Dante presenta a bella posta parecchi personaggi, dei quali voleva vendicarsi, nell'Inferno. La *Divina Commedia* doveva essere, tra l'altro, un poema punitivo. I Guelfi, che l'avevano cacciato da Firenze, dovevano imparare che l'immortalità del poeta avrebbe reso imperitura la loro colpa. In modo particolare, il papa doveva pagare per le sue iniquità. Dato che un papa ne richiama alla memoria un altro, e Dante, da buon cattolico, ne rimarcava soprattutto il lato umano, noi ne troviamo all'Inferno più d'uno.[17] In queste occasioni, Dante, cosciente della sua sventura, non poté privarsi della consolazione di colpire il più duramente possibile quei personaggi che quaggiù facevano tremare il mondo. I re di Francia, e, in particolare, Carlo di Valois, suo mortale nemico, sono da lui puniti con furia quasi giacobina.[18] Nell'esasperazione del suo orgoglio egli si paragona alla tempesta che percuote con più violenza le cime più elevate: azione questa, a cui egli attribuisce un grande merito.[19]

Dato il complessivo impianto della *Divina Commedia*, nessun macchinismo teatrale poteva più ravvivare l'interesse epico. Dove tutto è miracolo, la cosa più miracolosa non ha più l'attrazione di un pur passeggero intervento di esseri soprannaturali nelle vicende del mondo umano. Tuttavia è da meravigliarsi che Dante non abbia messo maggiormente in rilievo nel suo poema gli angeli e de-

---

«Siete voi qui, ser Brunetto?»

è tutto quanto dice. Quando Brunetto lo prega di fermarsi un po' con lui, il discepolo riconoscente è addirittura pronto a sederglisi accanto, per quanto scomodo sia il posto. Una pioggia di fuoco cade sul gruppo di peccatori, di cui Brunetto fa parte. Ma Dante dice:

«[...] se volete che con voi m'asseggia,
faròl, se piace a costui che vo seco» (*Inf.* XV 30, 35-36).

Tali tratti non sono inezie, parlando del carattere d'un poeta.

17 Il primo papa che compare nell'*Inferno* è papa *Anastasio*. Questi giace là dove uno meno si aspetterebbe di trovare un papa, tra gli eretici (*Inf.* XI). Tutto il rancore, accumulato da Dante contro la corte papale, erompe nel discorso, messo in bocca a Virgilio, quando essi incontrano tra i peccatori che si sono macchiati di simonia, papa *Niccolò III* (*Inf.* XIX). Forse nemmeno Lutero ha inveito con tanto furore contro i peccati dei successori di S. Pietro. Lo stesso tema è trattato in parecchie altre occasioni nella *Divina Commedia*. Papa *Adriano IV* fa penitenza come avaro nel *Purgatorio*, e si palesa a Dante con l'espressione latina: «Scias, quod ego fui successor Petri» (*Purg.* XIX 99).

18 Ugo Capeto, capostipite della dinastia francese, nel Purgatorio, deve raccontare di essere figlio di un beccaio. Seguono poi le invettive contro i suoi successori (*Purg.* XX).

19 Queste considerazioni le mette in bocca al suo antenato *Cacciaguida*, allorché si fa da lui predire il destino.

«Questo tuo grido farà come vento,
che le più alte cime più percuote;
e ciò non fa d'onor poco argomento» (*Par.* XVII 133-135).

moni, e, soprattutto, abbia così poco profittato di questi esseri sopra- e inframondani. Presenta parecchie volte i demoni come aguzzini e gli angeli come messaggeri e nocchieri, ma restano entrambi privi di carattere.

Questo sguardo complessivo sulla composizione della *Divina Commedia* ci indica con sufficiente chiarezza che cosa è il poema nella sua totalità. È una galleria poetica; un seguito di quadri di diverso contenuto, tenuti insieme solo da una cornice grottesca. Volendo classificare il poema in base alla proprietà accidentale della connessione non poetica delle sue parti, si potrebbe paragonarlo alle *Metamorfosi* di Ovidio. Nel connettere racconti che terminano con una metamoforsi anche Ovidio si dimostra una mente ingegnosa, non però un poeta. Dante collegò le parti del suo poema secondo un piano del tutto diverso, ma altrettanto poco poetico. Del resto, i due poeti non hanno, quanto alla maniera, niente in comune, all'infuori dello spirito per cui uno è soprattutto poeta.

Ci si sprofonda, dunque, nello studio della poderosa struttura, alla scoperta del piano della *Divina Commedia*, costato certamente al poeta non poco tempo e non poca fatica, con l'unico scopo di apprendere ben bene gli smarrimenti del padre della poesia italiana. Ma persino nei suoi smarrimenti egli merita l'onore di essere studiato. E poiché finora si è discorso solo degli errori, siano qui menzionati i restanti barbarismi, che intaccano, spesso in maniera rilevante, il valore estetico dell'esposizione della *Divina Commedia*. Ciò riguarda, in primo luogo, la mescolanza barocca della *Legenda* con la mitologia pagana, che si manifesta in vari modi. Nell'Inferno dantesco ritornano, ridotti a caricature, la maggior parte dei personaggi dell'Erebo greco. Caronte traghetta le anime dei dannati attraverso l'Acheronte, ma non è più il Caronte greco: qui è un demonio ed ha gli occhi che sono come carboni ardenti.[20] Minosse è il giudice dell'Inferno, in realtà l'esecutore delle pene e, per di più, un demonio. Lo caratterizza una lunga coda, che egli attorciglia attorno ai peccatori tante volte, quanti sono i gironi dell'Inferno che essi devono discendere. In ciò sta il suo ufficio di giudice. Sotto un aspetto analogamente mostruoso appare Plutone;[21] e non manca neppure Cerbero con le sue fauci. Vi sono, inol-

[20] «Caron dimonio, con occhi di bragia» (*Inf.* III 109).

[21] Le espressioni incomprensibili che Plutone sembra lanciare contro i due poeti pellegrini: «Papé Satàn, papé Sàtan aleppe» suscitano veramente i brividi. Non così la risposta di Virgilio: «Taci, maladetto lupo [...]» (*Inf.* VII 1, 8).

tre, i giganti Gerione, Capaneo, il Minotauro, i Centauri ed altri esseri mitologici, e tutti compaiono come mostri. Tali anomalie erano, però, secondo la fede cristiana scusabili. È noto quanto i Padri della Chiesa si preoccupassero di accreditare gli dèi dell'Olimpo quali demoni sotto false spoglie. Ma Dante, anche tra gli abbellimenti del *Paradiso*, non può dimenticare le favole del mondo greco. Arriva al Lete, e non può fare a meno di bervi. E tuttavia, anche questa offesa alle regole è meno sconveniente e antiestetica della fusione della devozione cristiana con quella poetico-mitologica nell'animo del poeta. Più d'una volta s'invocano Apollo e le Muse. La nascita di Apollo a Delo è presentata, in una similitudine, come un dato di fatto.[22] In una descrizione, per altro festosa e bella, l'aurora è detta la concubina di Titone antico.[23]

Ma ciò che nello svolgimento dell'intero poema si può chiamare uno dei peccati capitali contro il buon gusto, è l'erudizione scolastica, astrologica e teologica, che paralizza il tutto; quell'erudizione che lo stesso Dante considerava la cosa migliore della sua opera. La *Divina Commedia* doveva essere, tra l'altro, un poema didascalico e, principalmente per tale qualità, piacere e giovare. Se è vero che, secondo il senso allegorico del poeta, un piano didascalico sta a fondamento dell'intuizione inventiva della *Divina Commedia*, allora l'intero poema dovrebbe diventare, a mano a mano che si progredisce da una cantica all'altra, proporzionalmente, sempre più didattico; così come, se la *Divina Commedia* fosse un poema epico, l'interesse per l'azione dovrebbe rafforzarsi di canto in canto. La parte più sgombra dalla caligine pedantesca è l'*Inferno*; solo in occasione della classificazione dei peccati ed in situazioni analoghe, s'incontrano sentenze, distinzioni ed espressioni derivate dalla Scolastica.[24] Con più frequenza e già come estese trattazioni, le troviamo nel *Purgatorio*; il *Paradiso* è quasi per metà un compendio di dogmatica. Il compito principale di Beatrice beata è quello di sciogliere i dubbi teologici che assillano il suo poeta, il quale, alla fine, prima di poter ottenere l'accesso all'Empireo, de-

---

[22] «Certo non si scotea sì forte Delo,
pria che Latona in lei facesse 'l nido» (*Purg.* XX 130-131).

[23] «La concubina di Titone antico
già s'imbiancava al balco d'orïente» (*Purg.* IX 1-2).

[24] Nel canto XI dell'*Inferno*, per esempio, dove si analizzano i motivi per cui la frode è offesa di Dio maggiore della violenza. Qui, a chiare lettere, vengono citati con il loro titolo alcuni scritti aristotelici e, precisamente, l'*Etica* e la *Fisica*.

ve, come un candidato, sostenere un vero e proprio esame sulla fede, la speranza e la carità. Esaminatori sono i santi apostoli Pietro, Giacomo e Giovanni.

E, nonostante tutti questi errori di composizione e di svolgimento, la *Divina Commedia*, se la consideriamo *per frammenti*, è uno dei più nobili e più bei prodotti di uno spirito indipendente.

Dante fu uno sfortunato alunno dell'arte, ma la barbara erudizione della sua epoca non poté annullare le sue doti naturali. Il suo stesso temperamento passionale non soverchiava il suo robusto intelletto e la sua propensione alle fantasticherie mistiche affinò ulteriormente la sua rara sensibilità per i più sottili rapporti della bellezza.

La *Divina Commedia* è un'*opera originale*, non eguagliata da alcun'altra della poesia moderna, senza eccezioni. Nel suo genere fu il primo ed unico poema. Persino Shakespeare, pur con tutta la ricchezza e l'originalità della sua fantasia, si è maggiormente assoggettato al gusto imperante nel suo tempo. Lo dimostrano i drammi dei suoi contemporanei. Dante, invece, quale poeta della *Divina Commedia*, per nessun aspetto, né per quanto riguarda l'invenzione, né per quanto riguarda la maniera, si piegò allo spirito poetico dell'epoca. Solo come uomo e come erudito, egli fece parte del suo secolo; e fu tale, proprio perché non seppe cos'erano affettazione, spirito d'imitazione e ricercata stranezza. Non gli passò mai per la testa di imitare gli Antichi, pur così profondamente ammirati, e neppure il suo Virgilio. La sua poesia non scaturì dalle sue letture; si sviluppò dal suo animo, come una pianta dal suo humus naturale. Il frutto delle sue letture si rivestì dei colori della sua sensibilità. Affinò, ma solo per esprimere con più precisione, ciò che nel suo animo era pura verità. Di qui, la profondità e la forza del suo linguaggio, la verità delle sue rappresentazioni. La delicatezza dei sentimenti non degenera mai in affettazione sdolcinata, ma nemmeno nella violenza della passione egli scade mai in espressioni volgari e irose. La sua poesia nasce sia dalla riflessione sia dal sentimento; ogni parola è sentita e misurata. Se riesce strano, la causa non fu del suo intelletto. Quando, però, tratteggia un intero quadro con poche parole, allora egli si comprendeva come la critica deve desiderare che ogni poeta possa comprendersi. Il suo intelletto poetante era incapace di pensieri senza sentimento. Questa concentrata, e tuttavia decantata, potenza rappresentativa, congiunta a questo calore e a questa sensibilità, e a una delicatezza morale quasi fanciullesca che si palesa dappertutto, – nell'*Inferno*, per esempio, nei tremori, nel timoroso aggrapparsi alla sua guida, in ogni manifestazione del suo devoto amore per Beatrice – dà alle rappresentazioni della *Divina Commedia* un colore che la distingue da ogni altra opera di genio. Lo spirito inventivo, se non riuscì felice nella composizione, tanto più felice si dimostrò nell'invenzione di quella sua quasi inimitabile, ma per niente artificiosa e innaturale, maniera. Ma chi volesse analizzare le bellezze dello stile della *Divina Commedia*, dovrebbe possederla perfettamente; essa appartiene, infatti, a quei poemi in cui si scoprono sempre nuove bellezze ogni volta che si rileggono, ponendosi dal punto di vista seguito dal suo compositore. Per il criticone che coglie solo l'esteriorità delle parole, o per chi non ha occhi per scoprire, anche sotto gli errori, le bellezze, una poesia come questa nemmeno esiste.

Delle tre cantiche della *Divina Commedia*, più ricca di bei quadri è l'*Inferno*. Dello stesso parere è, già da gran tempo, anche il pubblico italiano. Una serietà malinconica e mistica adombra, quasi una nuvola, il tutto. Con l'iniziale allegoria siamo subito trasportati, senza sapere come, nel regno dell'orrore che ci toccherà attraversare.[25] A noi capita l'opposto di quello che succede al poeta, il quale si guarda attorno come il naufrago che, toccata ansimante la riva dopo esser scampato alla tempesta, guarda ora le onde, da cui si è salvato.[26] Siamo d'improvviso in mare aperto. Mostri allegorici, rappresentanti le passioni, tentano di divorare il poeta. Allora gli appare Virgilio ed è salvo. In un altro senso, lo siamo, ora, anche noi. Nella meraviglia, con cui si apre alla sua guida, riconosciamo il poeta candidissimo che, senza discapito per la sua naturalezza, si esprime in maniera diversa dall'abituale, ma ne accettiamo l'andamento.[27] Quando trema per l'imminente viaggio attraverso l'Inferno, ricorre al bel paragone di quello che non vuole più ciò che volle prima, e muta ad ogni nuovo pensiero il

---

[25] «Nel mezzo del cammin di nostra vita
mi ritrovai per una selva oscura» (*Inf.* I 1-2).

[26] «E come quei che con lena affannata
uscito fuor del pelago alla riva
si volge all'acqua perigliosa e guata,
così l'animo mio, ch'ancor fuggiva,
si volse a retro [...]» (*Inf.* I 22-26).

[27] «Or se' tu quel Virgilio e quella fonte
che spandi di parlar sì largo fiume?» (*Inf.* I 79-80).

proponimento preso prima.[28] Ancora più bella è l'immagine con cui descrive il destarsi della sua risolutezza all'apprendere che ad esortarlo a questo viaggio è Beatrice stessa, che egli vedrà in Paradiso:

> Quali i fioretti, dal notturno gelo
> chinati e chiusi, poi che 'l sol li 'mbianca
> si drizzan tutti aperti in loro stelo

così si rinfranca Dante.[29]

Chi è che, avendo familiarità con la poesia italiana, non conosce la famosa iscrizione, posta all'ingresso dell'Inferno.[30] Non meno bella è la descrizione dell'ingresso nell'Inferno stesso, dove

> [...] sospiri, pianti e alti guai
> risonavan per l'aere sanza stelle
> ...
> Diverse lingue, orribili favelle,
> parole di dolore, accenti d'ira,
> [...] e suon di man con elle.[31]

E tutto ciò è ancora soltanto il preludio ad analoghe descrizioni dell'orrore, in cui Dante non è superato da alcun altro poeta. Egli giunge nel luogo dell'Inferno

> [...] d'ogni luce muto,
> che mugghia come fa mar per tempesta,
> se da contrari venti è combattuto.[32]

Qualcuno ha trovato troppo audace l'ammutolirsi della luce. Come singola metonimia non sarebbe granché importante, ma qui, dove viene meno ogni funzione della vista e il rimbombo del baratro riempie l'animo, la tenebra non poteva essere descritta in maniera più appropriata, se non facendola cogliere dall'udito. Poco dopo, la coppia di poeti pellegrini arriva là dove

---

[28] «E qual è quei che disvuol ciò che volle
e per novi pensieri cangia proposta» (*Inf.* II 37-38).

[29] *Inf.* II 127-129.

[30] «PER ME SI VA NELLA CITTÀ DOLENTE,
PER ME SI VA NELL'ETTERNO DOLORE,
PER ME SI VA TRA LA PERDUTA GENTE» (*Inf.* III 1-3).

[31] *Inf.* III 22-27.

[32] *Inf.* V 28-30.

novi tormenti e novi tormentati
    mi veggio intorno, come ch'io mi mova
    e ch'io mi volga, e come che io guati.[33]

Altrettanto sconvolgenti sono le poche parole, gridate da uno dei dannati al poeta che gli chiede chi sia. «Vedi che son un che piango», risponde il dannato.[34] Si dovrebbe credere che dopo queste potenti rappresentazioni non sia rimasto alcun colore alla fantasia di Dante, almeno quanto alla materia. Ma ecco subito un'altra descrizione dei rumori infernali, che in nulla cede alle precedenti.

E già venìa su per le torbid'onde
    un fracasso d'un suon, pien di spavento,
    per che tremavano amendue le sponde,
non altrimenti fatto che d'un vento
    impetüoso per li avversi ardori,
    che fier la selva e sanz'alcun rattento
li rami schianta, abbatte e porta fori;
    dinanzi polveroso va superbo,
    e fa fuggir le fiere e li pastori.[35]

Alla stessa maniera, seppur non sempre con questo trascinante entusiasmo, sono descritti i tormenti d'ogni specie di dannati. Le scene toccanti sono meno numerose di quelle terribili. Di queste, ve n'è una che appartiene pure ai passi celebri della *Divina Commedia*, e che è unica come la poesia di Dante. È il racconto di Francesca da Rimini, che narra con il linguaggio dell'innocenza, come sia stato l'amore a precipitarla in questo luogo d'eterno tormento, e la causa della caduta la lettura, fatta in compagnia dell'amato, della storia cavalleresco-amorosa di Lancillotto.[36]

La più delicata fusione di un soggetto toccante con uno orribile e urtante, e, tuttavia, uno di quei quadri che solo Dante poteva di-

---

33 *Inf.* VI 4-6.

34 *Inf.* VIII 36.

35 *Inf.* IX 64-72.

36 Esso conclude il canto V dell'*Inferno*:
«Quando leggemmo il disïato riso
    esser baciato da cotanto amante
    ...
la bocca mi baciò tutto tremante
    ...
    quel giorno più non vi leggemmo avante» (*Inf.* V 133-134, 136, 138).

pingere, è certamente la descrizione della morte per fame di Ugolino e dei suoi figli e la punizione dell'arcivescovo Ruggieri. Essa è tanto più degna di universale ammirazione, in quanto in essa la poesia travalica quasi le sue stesse possibilità. A trattare un soggetto che ripugna e offende la sensibilità e la fantasia, anche il più grande poeta spreca il suo talento, giacché nessuna attrattiva, che egli possa conferirgli, è più forte del disgusto che esso per se stesso suscita. Ad un tale soggetto appartiene certamente la situazione di chi è condannato a morte per inedia. Noi ci ribelliamo con tutte le nostre forze di fronte all'orribile e impressionante quadro del lento spegnersi per fame. Ma quando un padre racconta come egli e i suoi figli, assieme condannati a morire per fame, facessero a gara, spinti dall'amore paterno e filiale, a nascondere gli uni agli altri il loro dolore; come i figli piangessero senza lamenti, ma il padre né si lamentasse né piangesse; e come, da ultimo, un figlio stesso si offrisse al padre, perché se ne cibasse,[37] allora l'interesse morale trionfa sul disgusto fisico. La nostra natura, spinta dall'ira, concentra tutte le sue forze in un'indignazione che grida vendetta, e noi perdoniamo il padre quando fa vendetta di quel mostro che ha condannato lui e i suoi figli, in un modo che è, se fosse possibile, ancora più orribile. Come è noto, Ugolino divora nell'Inferno dove si riincontrano il cranio dell'artefice del suo strazio che è anche suo fratello. Il fatto che siano fratelli quelli che agiscono l'uno contro l'altro, è in questo quadro, uno dei tratti essenziali; e per poter cogliere in maniera più naturale e intimamente connessa il tutto, dobbiamo mutare completamente il nostro modo di sentire.[38]

Ai passi particolarmente belli dell'*Inferno* appartengono anche l'arrivo dei due poeti sulle rive dell'Acheronte, nel canto III; l'in-

---

[37] «Io non piangea, sì dentro impetrai:
piangevan elli; e Anselmuccio mio
disse: 'Tu guardi sì, padre! che hai?'
Perciò non lacrimai né rispuos'io
tutto quel giorno [...]».

E, più avanti, quando il padre si morde le dita, dice il piccolo:

«'Padre, assai ci fia men doglia
se tu mangi di noi [...]'» (*Inf.* XXXIII 49-52, 61-62).

[38] La descrizione del pasto cannibalesco è il *non plus ultra* della trattazione estetica dell'orrore, soprattutto il passo in cui Ugolino per rispondere al poeta si pulisce la bocca servendosi della capigliatura del fratello, a cui sta divorando il cervello.

«La bocca sollevò dal fiero pasto
quel peccator, forbendola a' capelli
del capo ch'elli avea di retro guasto» (*Inf.* XXXIII 1-3).

gresso nell'abisso di dolore, all'inizio del IV; nello stesso canto, l'intera descrizione del Limbo con i Patriarchi e con i pagani virtuosi; nel canto VII, il passo in cui si spiega la sapienza e la bontà del Creatore; alla fine dello stesso, la descrizione delle anime degli iracondi, ai bordi dello Stige;[39] nel canto IX, la descrizione delle Furie; nel X, l'incontro del poeta con il conterraneo e fratello in Apollo, Guido Cavalcanti, che giace qui tra gli eretici; nel XIII, la già ricordata punizione dei suicidi; nel XIV, la descrizione degli omicidi e dei tiranni, sui quali cade una pioggia di fuoco, e, tra di loro, la rappresentazione di Capaneo, la cui superbia non è domata neanche dai più terribili tormenti;[40] la risposta di Dante alle profetiche parole del suo maestro Brunetto Latini, nel canto XV;[41] nel XIX, le veementi invettive contro i papi; e parecchi altri passi analoghi che l'animo sensibile ad una vigorosa bellezza deve, con lo studio dell'intero poema, trascegliere tra quelli più scadenti e conservare come tesori.

Una particolare attenzione meritano le *similitudini*, nelle quali Dante eccelle, specie nell'*Inferno*, su ogni altro poeta. Esse sono non solo tutte appropriate e colte dal vivo, ma sono anche descritte secondo i tratti particolarissimi di uno spirito che dappertutto contemplava la natura nei suoi aspetti poetici e in quelli straordinari. Spesso dipinge con un sol tratto un grande quadro. Talvolta, descrive le sue similitudini in una maniera di cui non si sarebbe vergognato lo stesso Omero. Sulle rive dell'Acheronte, le anime si gettano, l'una dietro l'altra, sulla barca di Caronte,

Come d'autunno si levan le foglie

---

[39] «Fitti nel limo, dicon: 'Tristi fummo
nell'aere dolce che dal sol s'allegra,
portando dentro accidïoso fummo:
or ci attristiam nella belletta negra'» (*Inf.* VII 121-124).

[40] «'chi è quel grande che non par che curi
lo 'ncendio e giace dispettoso e torto,
sì che la pioggia non par che 'l maturi?'
E quel medesimo [...]
gridò: 'Qual io fui vivo, tal son morto [...]'» (*Inf.* XIV 46-51).

[41] «'m'insegnavate come l'uom s'etterna
...
pur che mia coscïenza non mi garra,
che alla Fortuna, come vuol, son presto.
Non è nuova alli orecchi miei tal arra:
però giri Fortuna la sua rota
come le piace, e 'l villan la sua marra'» (*Inf.* XV 85, 92-96).

l'una appresso dell'altra, fin che 'l ramo
vede alla terra tutte le sue spoglie.[42]

Francesca da Rimini e il suo fedele amante escono volando dalla bufera che da ogni parte li trascina

Quali colombe, dal disio chiamate,
con l'ali alzate e ferme al dolce nido
vegnon per l'aere dal voler portate.[43]

Alcuni dannati, con una gran voglia di interrogare il poeta, ma non sapendo bene cosa pensare di lui, lo considerano,

qual sogliono i campion far nudi e unti,
avvisando lor presa e lor vantaggio,
prima che sien tra lor battuti e punti.[44]

Questa è quasi l'unica immagine che Dante trae dalle sue letture e non dalla sua esperienza.

Similitudini di questo genere e brevi descrizioni sono anche le bellezze più significative di più della metà del *Purgatorio* dantesco. Sordello da Mantova, non desiderando attaccar discorso, si limita a guardare il poeta

[...] solo sguardando
a guisa di leon quando si posa.[45]

Dell'anima umana si dice, una volta, che esce dalle mani del Creatore

[...] a guisa di fanciulla
che piangendo e ridendo pargoleggia.[46]

Un'altra volta, Virgilio guarda Dante

con viso che, tacendo, disse: «Taci».[47]

---

[42] *Inf.* III 112-114.

[43] *Inf.* V 82-84.

[44] *Inf.* XVI 22-24.

[45] *Purg.* VI 65-66.

[46] *Purg.* XVI 86-87.

[47] *Purg.* XXI 104.

Al di fuori di questi piccoli tratti, che però non sono pochi, il *Purgatorio* dantesco ha, rispetto all'*Inferno*, un numero di gran lunga inferiore di passi rilevanti. E donde potrebbero venire? La materia, povera in sé, perde in valore poetico per il fatto stesso di venire dopo l'*Inferno*. La punizione delle anime nel *Purgatorio* non è altro che una pena più mite e solo temporanea. Qui non c'è alcuna novità per chi viene dall'Inferno: ciò che vede è ben poca cosa rispetto a ciò che ha già visto. Solo con il canto XXVIII, quando il tragitto tocca il Paradiso terrestre, vestibolo del Paradiso, incontriamo di nuovo oggetti capaci di dare nuovo slancio all'entusiasmo poetico. Incomincia qui, in senso poetico, la seconda parte dell'intero poema, parte che fa da riscontro all'*Inferno*. Qui, Dante ha saputo esprimere tutto ciò che una fantasia umana può cercare di rendere descrivibile, in una approssimazione poetica, l'indescrivibile. In questa parte del *Purgatorio*, si susseguono continuamente quadri pieni di grazia e di magnificenza. La galleria prosegue ininterrotta fino al Paradiso, fino a che si esaurisce anche questa materia. Particolarmente bella è, nel canto XXVIII, la descrizione dell'arrivo del poeta al Lete. Al poeta che s'avanza verso la sua riva

prendendo la campagna lento lento
...
Un'aura dolce, sanza mutamento
avere in sé, [...] ferìa per la fronte
non di più colpo che soave vento
...
tanto che li augelletti per le cime
lasciasser d'operare ogni lor arte.[48]

Là, gli appare Matelda, che

[...] si gìa
cantando e scegliendo fior da fiore
...
[...] qual era
Proserpina nel tempo che perdette
la madre lei [...]
Come si volge con le piante strette
a terra ed intra sé donna che balli,
e piede innanzi piede a pena mette,

---

[48] *Purg.* XXVIII 5,7-9, 14-15.

volsesi in su i vermigli ed in su i gialli
fioretti verso me [...].[49]

Il seguito dell'intera descrizione è condotto con la stessa grazia delicata. Il grande intento di Dante, di esaltare la sua Beatrice, è raggiunto in maniera eminente nella descrizione di lei che discende nel Paradiso terrestre e dà il benvenuto al suo fedele amante.[50]

Ma non occorrono altre prove per poter assegnare, in una storia generale della poesia moderna, uno dei primi posti alla prima opera dalle proporzioni piuttosto ampie anche tenendo conto del suo valore intrinseco. Chi legge con attenzione il *Paradiso*, può senza fatica raccogliere anche da questa cantica un florilegio dei passi più belli, che possono eguagliare, se non per il pathos e la forza, certo però per la lirica profondità del sentimento e per la purezza della rappresentazione poetica, i passi più famosi dell'*Inferno*.

---

[49] *Purg.* XXVIII 40-41, 49-51, 52-56.

[50] Cfr. i canti XXX e XXXI. È difficile fare una scelta e mettere in rilievo l'uno o l'altro dei passi più rimarchevoli di questi due canti.

Friedrich Wilhelm Joseph Schelling

CONTRO BOUTERWEK

Non c'è dubbio che parecchi troveranno il saggio su Dante [*Dante sotto l'aspetto filosofico*] del tutto incomprensibile, e ancor più numerosi saranno quelli che non potranno trovarsi d'accordo con la sua linea interpretativa. Per loro divertimento ne viene qui presentata un'altra, che nulla ha in comune, né con quella, né con Dante, perché, destinata a nessun altro che ai sullodati, è fatta con il solo intento di procurare onore al suo autore.

Si tratta dell'interpretazione del prof. Bouterwek, il quale in una *Storia della poesia e dell'eloquenza a partire dalla fine del XIII secolo* (Göttingen, 1801, vol. 1, p. 119 = *supra*, p. 51) è così sfrontato da chiamare il padre della poesia moderna uno sfortunato *alunno* dell'arte.

La dignità di collaboratore della *Storia generale delle arti e delle scienze* e dei «Gelehrte Anzeigen» di Gottinga gli suggerisce un alto senso di superiore signorilità verso Dante, tanto che «ad una libera considerazione della composizione della prima parte della *Divina Commedia*, gli è difficile rimanere serio; mentre il *Purgatorio* lo muove spesso al riso là dove secondo le intenzioni del poeta si dovrebbe rimanere seri». Eh già!

Addirittura al riso si sente sollecitata questa vigorosa superiorità! Specialmente a proposito delle pene dei dannati, che non gli sembrano stare in alcun rapporto di natura propriamente giuridico-penale con le colpe; in particolare, a p. 103 (*supra*, p. 41), si sofferma, con molto interesse e con battute assai piacevoli, a considerare la pena dei lussuriosi.

Tutti coloro che sono stati sconvolti dal precedente saggio si consolino nell'apprendere che «il poema dantesco è soltanto una descrizione poetico-teologica di un viaggio» (p. 98 = *supra*, p. 37), che pecca gravemente contro il «buon gusto», e «che è paralizzata da una erudizione scolastica, astrologica e teologica» (p. 118 = *supra*, p. 50). Certo, di questa colpa, il sig. Bouterwek non si macchia mai, né nei suoi scritti poetici, né tantomeno in quelli filosofici, ai quali attribuendo anche solo la millesima parte dell'erudizione dantesca, scolastica e non, si farebbe una ben grave offesa. Eh già! Questo fatto gli ha sicuramente dato la prestigiosa rinomanza per scrivere una storia della poesia, giacché si può presumere che la mancanza di erudizione sia compensata dalla presenza del *buon gusto*; e il sig. B., proprio rinunciando ai suoi tentativi poetici, ha dimostrato di saperlo giustamente applicare.

Forte di tutto questo, egli si lamenta altamente di non poter trovare nella *Divina Commedia* alcuna traccia di «macchinismo teatrale» e di tutto ciò che i libri di ricette estetiche o culinarie esigono per approntare un poema epico o di qualsiasi altro genere. La *Divina Commedia* è «una galleria poetica, tenuta assieme soltanto da una cornice grottesca» (p. 116 = *supra*, p. 49) e «impreziosita da fronzoli gotici» (p. 111 = *supra*, p. 46 nota 12), di cui invano si cerca una valida motivazione estetica.

Quale piacevole consolazione per gli aspetti ineffabili del poema! Come se qualcuno, incapace di costruire o di capire com'è fatto un pollaio, si piantasse davanti al duomo di Strasburgo e facesse notare ai passanti come la costruzione abbia delle forme barbare e sia contraria alle regole del buon gusto!

Senza dubbio è frutto della sua erudizione storica se il sig. B. sa «che non è da pensare a motivi determinati, secondo cui questi o quei personaggi sono collocati in questo o quel posto della *Divina Commedia*; in un altro momento, il poeta forse avrebbe pensato ad un personaggio completamente diverso».

Del resto, non c'è di che lamentarsi: non si risparmiano fatiche «per sprofondarsi nello studio della poderosa struttura alla ricerca del piano della *Divina Commedia*», e ci si arrovella molto attorno ad esso «per trovarsi, dopo, abbondantemente ricompensati da una appropriata e illuminante conoscenza degli smarrimenti del padre della poesia». «Egli è degno, anche nei suoi smmarimenti, dell'*onore* (da parte di Bouterwek) di essere studiato».

Eh già! Il Bouterwek spinge la sua condiscendenza così lontano, da trovar belli alcuni passi o alcune similitudini e di metterli in risalto, visto che non può, nemmeno per una volta, «*salvare*» l'onore del tutto, e confessare che la *Divina Commedia*, se apprezzata «per frammenti», è uno dei prodotti più nobili, non eguagliata, quanto a peculiarità, dagli stessi drammi di Shakespeare, sulla cui conoscenza il sig. B., non c'è dubbio,* è altrettanto bene informato quanto su Dante.

---

* A p. 334 si narra una storia, trasposta in dramma da un poeta italiano, della quale non solo è a lui ignota la fonte prossima (Boccaccio), ma pure si osserva: «un poeta, che *abbia attitudine per l'arte drammatica, ben difficilmente* cercherà di ricavare da questa storia una commedia normale». Questa opinione arreca gloria e al buon gusto e all'erudizione di questo storico della letteratura: è, infatti, da tutti risaputo che Shakespeare ha seguito in *Alls well that ends well* questa novella fin nei particolari.

Ritratto di Schelling. Pastello di Friedrich Tieck, Jena 1801.

Kritisches

Journal der Philosophie

herausgegeben

von

Fr. Wilh. Joseph Schelling

und

Ge. Wilhelm Fr. Hegel.

Zweyten Bandes drittes Stück.

Frontespizio del fascicolo del «Kritisches Journal der Philosophie», Tübingen 1803, in cui apparve il saggio di Schelling su Dante.

Ueber Dante in philosophischer Beziehung.

Die die Vergangenheit mehr als die Gegenwart lieben, wird es nicht befremden, sich von den, eben nicht immer belohnenden, Anblicken der letzteren zu einem so entfernten Denkmal der mit Poesie verbundenen Philosophie zurückgeführt zu sehen, als die Werke des Dante sind, die längst die Heiligkeit des Alterthums bedeckt.

Ich verlange als Rechtfertigung des Platzes, den diese Gedanken hier einnehmen, vorerst nichts zugegeben, als: daß das Gedicht, auf welches sie sich beziehen, eines der merkwürdigsten Probleme der philosophischen und historischen Construction der Kunst ist. Der Verfolg wird zeigen, daß diese Untersuchung eine weit allgemeinere, die Verhältnisse der Philosophie selbst betreffende, in sich schließt und für diese von nicht geringerem Interesse als für die Poesie ist, deren wechselseitige Verschmelzung, zu welcher die ganze neuere Zeit sich neigt, von beyden Seiten gleich bestimmte Bedingungen fodert.

Inizio del saggio di Schelling: *Ueber Dante in philosophischer Beziehung*, nel «Kritisches Journal der Philosophie», vol. 2, fasc. 3, Tübingen 1803.

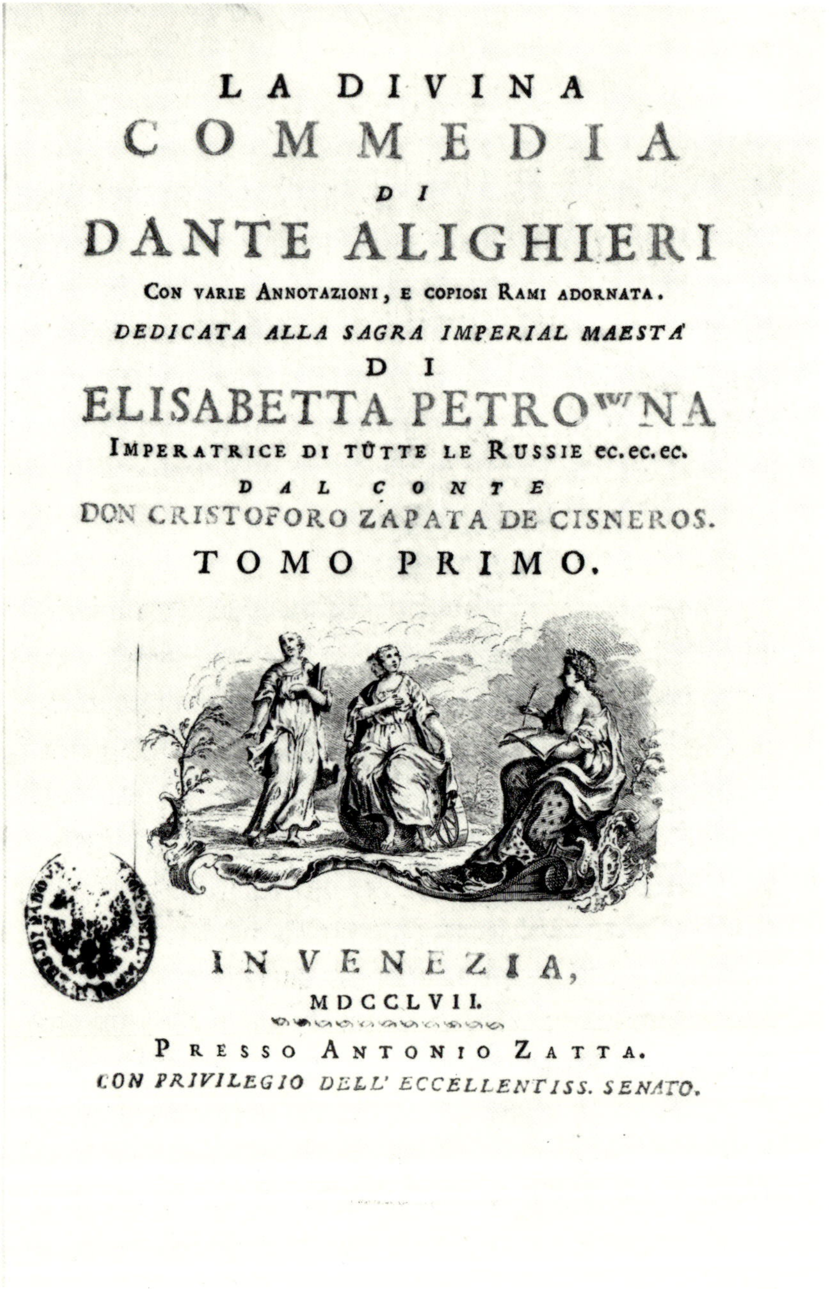

LA DIVINA
COMMEDIA
DI
DANTE ALIGHIERI
CON VARIE ANNOTAZIONI, E COPIOSI RAMI ADORNATA.
DEDICATA ALLA SAGRA IMPERIAL MAESTÀ
DI
ELISABETTA PETROWNA
IMPERATRICE DI TÛTTE LE RUSSIE ec. ec. ec.
DAL CONTE
DON CRISTOFORO ZAPATA DE CISNEROS.
TOMO PRIMO.

IN VENEZIA,
MDCCLVII.
PRESSO ANTONIO ZATTA.
CON PRIVILEGIO DELL' ECCELLENTISS. SENATO.

Frontespizio del Tomo primo dell'edizione delle *Opere* di Dante, Venezia, Zatta, 1757, a cui fanno riferimento sia Schelling sia Bouterwek.

Geschichte

der

Poesie und Beredsamkeit

seit dem Ende des dreizehnten Jahrhunderts.

Von

Friedrich Bouterwek.

Erster Band.

Göttingen,

bey Johann Friedrich Röwer.

1801.

Frontespizio del primo volume della *Geschichte der Poesie und Beredsamkeit* (Göttingen, Röwer, 1801) di F. Bouterwek.

ERICH AUERBACH

DANTE ALS DICHTER DER IRDISCHEN WELT

BERLIN UND LEIPZIG 1929
VERLAG WALTER DE GRUYTER & CO.

Frontespizio della prima edizione di *Dante als Dichter der irdischen Welt* (Berlin und Leipzig, W. de Gruyter, 1929) di E. Auerbach.

Vol. XXII. N. 4. Ottobre-Dicembre 1938

ARCHIVUM ROMANICUM

NUOVA RIVISTA DI FILOLOGIA ROMANZA

DIRETTA DA

GIULIO BERTONI

FIRENZE

LEO S. OLSCHKI, EDITORE

1938 - XVII

Frontespizio dell'«Archivum Romanicum», XXII (1938), n. 4, in cui apparve il saggio *Figura* di E. Auerbach.

Figura

I. Von Terenz bis Quintilian.

Figura, vom gleichen Stamme wie *fingere, figulus, fictor*, und *effigies*, heisst nach seiner Herkunft « plastisches Gebilde », und findet sich zuerst bei Terenz, der Eun. 317 von einem Mädchen sagt: *nova figura oris*. Etwa aus gleicher Zeit dürfte das Pacuviusfragment 270/1 (Ribbeck, Scaen. Roman. Poesis Fragm. I, S. 110) stammen:

> *Barbaricam pestem subinis nostris optulit*
> *Nova figura factam*....[1].

Es ist wahrscheinlich, dass Plautus das Wort nicht gekannt hat; er verwendet zweimal *fictura* (Trin. 365, Mil. 1189), freilich beide Male in einem Sinne, der eher die Tätigkeit des Bildens als ihr Ergebnis ausdrückt; *fictura* wird später sehr selten[2]. Mit der Erwähnung des Wortes *fictura* werden wir sogleich auf eine Eigentümlichkeit von *figura* hingewiesen: es ist (Ernout-Meillet, Dict. étym. de la langue latine, p. 346) unmittelbar vom Stamm abgeleitet, nicht, wie *natura* und andere gleicher Endung, vom Supinum. Man hat dies aus einer Angleichung an *effigies* (Stolz-Schmalz, Lat. Gramm., 5. Aufl. S. 219) erklären wollen; jedenfalls drückt sich in dieser besonderen Bildung des Wortes etwas Lebend-Bewegtes, Unvollendetes und Spielendes aus, und jedenfalls liegt in ihr eine hohe Eleganz der lautlichen Erscheinung, die viele Dichter bezaubert hat.

---

[1] Wie mir P. Friedlaender mitteilt, handelt es sich bei der *barbarica pestis* wahrscheinlich um einen Rochenstachel, durch den Odysseus zu Tode verwundet ist; *subinis* ist nicht sicher.

[2] In der Spätantike (Chalcidius, Isidor) und im Mittelalter erscheint es wieder im Wortspiel mit *pictura*, vgl. E. R. Curtius in RZomPhil 58, 1938, S. 45.

Inizio del saggio *Figura* di E. Auerbach nell'«Archivum Romanicum», XXII (1938), n. 4.

Giuseppe Vellucci

L'INTERPRETAZIONE "UNITARIA" E L'INTERPRETAZIONE "DUALISTICA" DELLA *COMMEDIA* NELLA CRITICA DANTESCA DAL ROMANTICISMO AL NOVECENTO

> Che cosa vuol dire *critica*? La parola viene dal greco κρίνειν, che vuol dire distinguere. Dare a qualcosa rilievo rispetto a qualcosa, per lo più a qualcosa di superiore rispetto a qualcosa di inferiore. Nella logica, questo procedimento si chiama un giudizio, una giudicazione [*Beurteilung*]. Una critica positiva ha lo scopo di promuovere la cosa di cui ne va. Essa è sempre un rinvio a nuove possibilità proprie della cosa [*sachliche*]. Una critica negativa dice che qualcosa nel tema non è in ordine.
>
> Heidegger*

Nella prolusione di Marburgo del 1929,[1] Erich Auerbach, dopo aver rilevato che fin dall'inizio i romantici crearono un vero e proprio culto di Dante mettendo il suo nome accanto a quelli di Shakespeare, Cervantes e Goethe per formare una costellazione della poesia europea moderna, e dopo aver osservato che, primi fra tutti, dalla fine della sovranità assoluta della visione cattolica del

* M. Heidegger, *Seminari di Zollikon*, a cura di A. Giugliano e E. Mazzarella, Napoli, Guida, 1991.

[1] E. Auerbach, *La scoperta di Dante nel Romanticismo*, in Id., *San Francesco Dante Vico e altri saggi di filologia romanza*, trad. it. di V. Ruberl, Roma, Editori Riuniti, 1987, pp. 45-54. La prima edizione uscì presso De Donato di Bari nel 1970.

mondo, Friedrich e August Wilhelm Schlegel, Schelling e Hegel avvertirono l'unità del grande poema e concepirono la *Commedia* non come antologia di bei passi ma come la costruzione poetica più unitaria e possente della nostra èra, così scrive:

> In quel periodo, le parole più significative su Dante vennero scritte da Schelling. Si trovano nel suo saggio *Dante in philosophischer Beziehung*, che ebbe grande influenza sugli Schlegel e su altri, in particolar modo su Hegel, e che non molto tempo fa è stato ricordato da Vossler nella pubblicazione in onore di Leo S. Olschki. Senza dubbio Schelling sarebbe stato molto più adatto di A. W. Schlegel a scrivere la grande monografia dantesca di cui il romanticismo ci è rimasto debitore. Anch'egli parte dal tema annunciato per la prima volta da Friedrich Schlegel, e, all'inizio del saggio, definisce la *Commedia* la più sacra delle opere, nella quale la religione si allea con la poesia. Ma egli va molto più in là, e risolve la questione del *genus* della *Commedia* affermando che essa non è paragonabile ad alcun genere, ma solo a sé stessa, poiché suo contenuto è l'identità di tutta l'epoca di Dante. Schelling è il primo a centrare il problema quando interpreta il mondo moderno, la cui poesia ha nella *Commedia* un profeta e un modello, come mondo degli individui, nel quale il punto di partenza è il particolare, e in cui esigenza imprescindibile è che l'individuo torni ad essere universalmente valido attraverso la massima singolarità, e, attraverso la perfetta particolarità, ritorni ad essere assoluto. Si compie così in Dante un collegamento dell'allegoria con la storia, «in quanto il posto che il poeta assegna ai personaggi, un posto eterno, conferisce loro una specie di eternità». Per Schelling, il sapere accumulato nella *Commedia* è, in quanto immagine dell'universo colto nella sua armonia perfetta, la fantasia più primeva e più bella. A queste parole, così precise, seguono poi alcune considerazioni fortemente speculative e mistiche; nel sacro numero tre, nella tripartizione della *Commedia*, Schelling vede l'espressione simbolica del tipo interiore di ogni scienza e poesia, in cui l'«Inferno» rappresenta il regno della natura, il «Purgatorio» il regno della storia, il «Paradiso» il regno dell'arte. E quantunque dia ancora una volta una definizione della *Commedia*, non come opera isolata di una età particolare ma come esemplare per la sua universale validità, come sistema teologico rappresentato *in concreto*, con architettonica precisione, tuttavia egli cerca poi di circoscrivere i *genera* delle singole parti, chiamando plastico l'«Inferno», pittoresco il «Purgatorio» e musicale il «Paradiso» (opinioni che magari si possono anche condividere, ma che non appaiono convincenti né illuminanti).[2]

---

[2] *Ivi*, pp. 51-52.

Nonostante codeste riserve, l'Auerbach riconosce che il saggio di Schelling è ciò che di più significativo sia stato scritto su Dante e sulla *Commedia* nel periodo romantico vero e proprio:

> Non solo egli vide la grande opera come un tutto unitario (così l'avevano sentita già i due Schlegel); ma, affermando che i personaggi della *Commedia* già per il luogo in cui vengono presentati acquistano una specie di eternità, giunse al nocciolo del problema che si era posto e al significato della *Commedia* stessa. Infatti, la *Commedia* un significato ce l'ha. Certo non un significato larvatamente politico, eretico o in qualche modo particolare (se ci si mette a cercarli, di tali significati se ne troveranno sempre molti): ma un significato centrale e onnicomprensivo: quello del nostro mondo terreno e storico nella sua forma vera ed eterna, svelata dal giudizio divino. Dopo la perdita del valore ecumenico da parte dell'ideologia cattolica a partire dal Medioevo, per il quale una tale concezione era ovvia, Schelling fu il primo a comprenderla e a farla conoscere. Ma questa sua scoperta non diede grandi frutti. È vero che A. W. Schlegel riprese da lui l'interpretazione del sacro numero tre e dell'allegoria: ma non colse l'essenziale, e per tutto il secolo non se ne nota alcuna risonanza.[3]

La mancata risonanza critica del saggio schellinghiano ha una sola eccezione nella potente pagina dantesca dell'*Estetica* di Hegel con il concetto del «wechselloses Dasein», dell'«esistenza immutabile», sul quale è incentrato il libro dello stesso Auerbach *Dante als Dichter der irdischen Welt* del 1929.

Per comprendere appieno i motivi che percorrono il saggio dantesco di Schelling e mostrare come esso, ripreso poi proprio dall'Auerbach, costituisca il punto di partenza di una precisa linea interpretativa della critica dantesca, è necessario acquisire, in via preliminare, alcune fondamentali nozioni della sua estetica.

La «filosofia dell'identità», cioè il pensiero di Schelling negli ultimi anni di Jena e nel periodo di Würzburg, e che ha la sua espressione, tra le altre opere, nella *Filosofia dell'arte* (1802-1805), accentua quell'inseparabilità di finito e infinito in cui prende corpo sia la rivelazione dell'assoluto nell'esistente sia la presenza dell'esistente nell'assoluto: «A rafforzare e ribadire questa inseparabilità Schelling fa continuamente ricorso a una serie di opposizioni quali oggetto e soggetto, reale e ideale, finito e infinito, particolare e universale; e lo schema principale dell'unificazione di queste op-

---

3 *Ivi*, pp. 52-53.

posizioni sono la *Einbildung* e la *Einsbildung*, cioè la in-formazione e la uni-formazione dell'ideale nel reale e del reale nell'ideale, schema che diventa poi il perno fondamentale su cui gira tutta la filosofia dell'arte, giacché l'arte è mitologia, nel senso che ha a che fare con le idee universali viste nella loro realtà particolare concreta quali sono, appunto, gli dei».[4]

La figura divina, cioè la figura artistica, è sintesi di reale e ideale, di assoluto e particolare, di universale e individuale. Si può dire perciò che l'arte è «rappresentazione dell'assoluto nell'indifferenza di universale e particolare».[5] L'arte riesce a far ciò per mezzo della mitologia, la quale appunto è figurazione dell'infinito nel finito, dell'assoluto nel singolo, dell'universale nel particolare, poiché gli dei sono figure che realizzano e contengono nella propria limitazione particolare la totalità dell'assoluto. Ne risulta che il principio della mitologia e quindi dell'arte è il *simbolo*, come compenetrazione perfetta di finito e infinito, particolare e universale, limitazione e assolutezza.[6] Per ben comprendere il concetto di simbolo bisogna distinguerlo accuratamente dai concetti di schema e di allegoria, di cui esso è al tempo stesso la sintesi e il superamento:

> La rappresentazione in cui l'universale significa il particolare, o in cui il particolare è intuìto attraverso l'universale, è lo *schematismo*.
>
> La rappresentazione invece in cui il particolare significa l'universale, o in cui l'universale è intuìto attraverso il particolare, è *allegorica*.
>
> La sintesi di queste due, nella quale né l'universale significa il particolare né il particolare l'universale, ma nella quale entrambi sono assolutamente una cosa sola, è il *simbolico*.
>
> Queste tre diverse maniere di rappresentare hanno in comune il fatto di essere possibili mercé la fantasia e di essere forme della fantasia, ma solo la terza è la forma assoluta.[7]

L'allegoria è l'inverso dello schema, perché in essa il particolare significa l'universale, cioè è intuìto come universale. Si differenzia dal simbolo, perché in essa il particolare si limita a *significare* l'universale, e non giunge a *essere* l'universale, come accade invece

---

[4] L. Pareyson, *Schelling. Presentazione e antologia*, Torino, Marietti, 1975, pp. 46-47.

[5] F. W. J. Schelling, *Filosofia dell'arte*, a cura di A. Klein, Napoli, Prismi, 1986, p. 103.

[6] L. Pareyson, *L'estetica di Schelling*, Torino, Giappichelli, 1964, p. 101 sgg.

[7] F. W. J. Schelling, *Filosofia dell'arte*, cit., p. 103.

nel simbolo. Perciò la mitologia non può essere allegoria, perché in essa c'è invece la perfetta compenetrazione di universale e particolare. Certo, è facile dare una interpretazione allegorica del simbolo, perché la significazione simbolica contiene in sé quella allegorica, nel senso che nella identificazione di universale e particolare è contenuta anche l'unione del particolare con l'universale e dell'universale col particolare.[8] Nella mitologia greca i miti non avevano un intento allegorico, ma una «autonomia poetica assoluta», cioè erano considerati come realtà. Ma nei tempi moderni si pensò di sostenere che i miti avevano originariamente un significato allegorico, e furono successivamente «travestiti in forma epica», e così tradotti in poesia. Ma questo è il modo più grossolano di distruggere la poeticità della mitologia e di poeti come Omero. I miti nacquero originariamente poetici e simbolici, l'interpretazione allegorica soppravvenne in sèguito, dopo la completa estinzione dello spirito poetico. La mitologia finisce quando comincia l'allegoria; l'originario è la sintesi, l'identità; la distinzione è cosa di tempi posteriori.

Ciò che caratterizza il simbolo è di non essere né schema né allegoria, ma assoluta indifferenza di entrambi. Il simbolo è perfetta identificazione di universale e particolare, infinito e finito, assoluto e limitazione. In esso il particolare, più che *significare* allegoricamente l'universale, lo *è*; e l'universale, più che lasciarsi schematizzare in una figura particolare, si cala completamente in essa e vi si identifica. Il carattere simbolico e non allegorico della mitologia appare dal fatto che gli dei «non sono considerati come esseri che significano qualcosa, ma come esseri che *sono* ciò che essi *significano*». Questa è la natura del simbolo: in esso universale e particolare, essere e significato s'identificano senza residuo.

La teoria sin qui enunciata offre a Schelling strumenti estremamente raffinati per affrontare un problema assai dibattuto negli ambienti romantici, cioè il problema della differenza tra la poesia antica e la poesia moderna, variamente definita come cristiana o come romantica.[9]

Schelling riconduce la differenza tra la poesia antica e la poesia moderna alla distinzione di due generi possibili di mitologie. La materia generale dell'arte, cioè la mitologia, consiste necessaria-

---

[8] *Ivi*, p. 105.

[9] L. Pareyson, *L'estetica di Schelling*, cit., p. 106 sgg.

mente per Schelling nell'unità di finito e infinito. Questa unità si può concepire in due modi: o come «rappresentazione dell'universo nel finito» o come «rappresentazione del finito nell'universo». Si tratta in entrambi i casi di sintesi di particolare e universale, limitazione e assoluto, finito e infinito, reale e ideale; ma l'accento è diverso, perché nel primo caso l'accento è posto sul particolare, sulla limitazione, sul finito, sul reale, in quanto figurazione dell'infinito, dell'assoluto, dell'universo che vi si cala e vi si manifesta completamente, mentre nel secondo caso l'accento è posto sull'infinito, sull'assoluto, sull'universo, che accoglie in sé, consegnandovisi momentaneamente, il finito, il particolare, la limitazione.

L'unità di finito e infinito che si presenta nel primo caso è quella del mondo reale, cioè della natura, mentre l'unità di finito e infinito che si presenta nel secondo caso è quella del mondo ideale, dello spirito, del regno della libertà. Il primo caso è rappresentato dalla mitologia antica e dalla poesia greca; il secondo dalla «mitologia» cristiana e dalla poesia moderna. La poesia greca si può chiamare «realista», perché in essa prevale il senso della limitazione e della perfezione, mentre la poesia moderna si può chiamare «idealista», perché in essa prevale il senso dell'infinità e della libertà.[10]

La poesia antica è il momento dell'unità originaria, in cui finito e infinito sono indistinti: il finito è l'unica sede dell'infinito, e l'infinito non appare più come tale. La separazione è successiva: finito e infinito, una volta separati, non possono rapportarsi fra loro che come opposti, e in questa opposizione il finito deve necessariamente apparire come finito, come soltanto finito, cioè come inferiore, come destinato a risolversi nell'infinito, o a subordinarsi ad esso, o ad elevarsi al suo livello. Una volta stabilita la separazione, essa non può essere che opposizione, e una volta stabilita l'opposizione, la direzione non può essere che dal finito all'infinito, e il raggiungimento dell'unità non può essere che la riunificazione del finito all'infinito, e non viceversa. Ecco il carattere della poesia moderna: aspirazione all'infinito, senso della nullità del finito, superiorità dell'infinito a cui il finito deve subordinarsi, lotta dello spirito e della libertà per raggiungere l'assoluto.

Dalla differenza fondamentale tra poesia e mitologia antica da un lato e «mitologia» moderna dall'altro derivano due conseguenze non meno fondamentali. Anzitutto ne consegue che la poesia anti-

---

[10] F. W. J. SCHELLING, *Filosofia dell'arte*, cit., p. 109 sgg.

ca possiede per eccellenza quel carattere di simbolo che è proprio della vera poesia, mentre nella poesia moderna prevale il carattere allegorico; e in secondo luogo che nella mitologia greca l'universo è contemplato come natura, mentre nella «mitologia» moderna l'univeso è contemplato come storia.

Se la mitologia antica ha un carattere simbolico e la poesia moderna tende invece ad assumere un carattere piuttosto allegorico, ciò è dovuto al fatto che solo nella mitologia antica finito e infinito si identificano perfettamente, mentre nella poesia moderna il finito, che è un nulla di per sé come contrapposto alla positività dell'infinito, non vale se non nella sua allusione all'infinito stesso. Nel primo caso il finito è posto come simbolo, nel secondo come allegoria dell'infinito; nel primo caso il finito *è* a sua volta l'infinito, e non si limita a *significarlo*, e appunto perciò è qualcosa di per sé, anche indipendentemente dal suo significato, nel secondo caso il finito non è nulla di per sé, ed è qualcosa soltanto in relazione all'infinito. Nel primo caso il carattere dell'arte è totalmente simbolico, nel secondo caso è in complesso allegorico.[11]

Se nell'arte greca il finito e l'infinito si sono talmente compenetrati che in essa non si può concepire nessuna alternativa significazione dell'uno dei due termini mediante l'altro, ma è nel finito e nel particolare che questa totale identificazione di entrambi gli elementi trova la sua raffigurazione, ciò significa che per il greco il finito non è né schema né allegoria dell'infinito, perché sia lo schema che l'allegoria presuppongono già la separazione di finito e infinito, e tentano di sanarla in qualche maniera, o facendo significare l'infinito, o facendo significare l'infinito col finito. Ciò che il greco raffigura nel finito non è l'infinito in sé, il che sarebbe vano schematismo o inerte allegoria, ma la stessa sintesi e compenetrazione di finito e infinito.

Completamente diversa la nuova mitologia, cioè la spiritualità cristiana e la poesia moderna. Qui la direzione va dal finito all'infinito, e l'infinito entra nel finito per annientarlo. Ecco perché nella mitologia e nella poesia cristiana il finito più che simbolo tende a diventare allegoria dell'infinito. Infatti il carattere d'una religione di questo genere è la subordinazione del finito all'infinito. Ciò significa che la mitologia antica è dominata dal principio della naturalità dell'infinito, mentre la moderna da quello della spiritua-

[11] *Ivi*, p. 137.

lità dell'infinito. Nella mitologia antica l'infinito diventa sensibile, mentre nel cristianesimo l'infinito è termine di aspirazione. Nella mitologia antica prevale l'evidenza oggettiva, esteriore, fisica, sensibile, nel cristianesimo l'evidenza assume un carattere soggettivo, interiore, spirituale.

La materia della mitologia greca era la natura, l'intuizione generale dell'universo come natura; la materia di quella cristiana è invece l'intuizione generale dell'universo come storia, come un mondo della provvidenza. Questo è il vero e proprio spartiacque fra la religione e la poesia antica e quella moderna. Il mondo moderno comincia allorché l'uomo si strappa alla natura, ma, non conoscendo ancora alcun'altra patria, si sente abbandonato. Là dove siffatto sentimento si estende a tutta una stirpe, esso si rivolge, liberamente o costretto da un impulso interiore, al mondo ideale per farne la propria dimora.[12]

Per approfondire questo punto importante per la religione e per l'arte, riferiamoci ancora direttamente al testo schellinghiano con un'altra citazione:

Per cogliere il principio della mitologia cristiana, torniamo al punto della sua opposizione alla mitologia greca. In questa l'universo è intuìto come natura, in quella invece come mondo morale. Il carattere della natura è unità indivisa dell'infinito col finito: il finito è dominante, ma in esso, che è l'involucro comune, si trova il germe dell'assoluto, della completa unità d'infinito e finito. Il carattere del mondo morale, la libertà, è *originariamente* antitesi di finito e infinito, accompagnata dall'assoluta esigenza di abolire l'antitesi stessa. Ma anche la libertà, in quanto si basa su un in-formare [*Einbilden*] il finito nell'infinito, sta di nuovo sotto la determinazione dell'infinità, sì che l'antitesi può bensì esser sempre abolita nel singolo, mai però nel tutto.[13]

Ciò significa che la felice e completa identificazione e compenetrazione di finito e infinito che si realizza nel mondo greco si è frantumata nel mondo cristiano. Là vigeva l'unità della natura, finita e infinita insieme, umana e divina, particolare e universale, perfetta armonia e equilibrio di finito e infinito. Invece nel mondo moderno, frantumatasi l'unità, il finito non più sede e figurazione dell'infinito, è concepito come tale da doversi subordinare all'infi-

---

[12] *Ivi*, p. 118.
[13] *Ivi*, p. 120.

nito, e il recupero dell'unità non pare possibile se non nell'assunzione del finito nell'infinito, cosa realizzabile solo parzialmente e provvisoriamente. Identità e compenetrazione, armonia di finito e infinito significano appunto natura, mentre separazione e opposizione di finito e infinito, con subordinazione del primo al secondo e con nostalgia del secondo da parte del primo, è mondo morale, ambito dell'azione, regno della libertà.

Accentuato il carattere nettamente simbolico della poesia classica volta alla natura e il carattere tendenzialmente allegorico della poesia moderna volta alla storia, ne derivano alcune fondamentali conseguenze.

In primo luogo, nella mitologia greca predomina l'essere, in quella cristiana l'azione. Se nella mitologia greca le idee si oggettivano preferibilmente nell'essere, nella mitologia cristiana esse si possono oggettivare solo nell'azione. Infatti tutto lo spirito del cristianesimo è spirito di azione. L'infinito non risiede più nel finito. Il finito può soltanto trapassare nell'infinito. Solo nell'infinito possono di nuovo identificarsi finito e infinito. Nel cristianesimo l'unità di finito e infinito è dunque l'azione. Una volta stabilita, nella vita dello spirito, la separazione e quindi l'opposizione di finito e infinito, non c'è altro modo di recuperare l'unità fra di loro che quello di subordinare il finito all'infinito: e questa è appunto l'azione, che consiste nel conformarsi dell'uomo alla legge dell'assoluto, nel volgere il finito a raggiungere l'infinito, nell'accoglimento del finito nell'infinito.[14]

Bisogna rendersi conto che, conformemente al carattere generale della soggettività e della idealità del cristianesimo, il simbolico può esservi rinvenuto soltanto nelle azioni. E infatti, se la poesia moderna e cristiana non possiede «simboli perfetti», tuttavia possiede «azioni simboliche», che sono i riti, le manifestazioni del culto, la gerarchia, quali appaiono in quella autentica «opera d'arte vivente» che è la Chiesa.[15] L'essenziale è che l'azione non si chiuda nell'ambito della pura interiorità, come accade nella mistica, che è di per sé antipoetica, ma si esteriorizzi anche in termini visibili e oggettivi:

---

[14] *Ivi*, p. 123.
[15] *Ivi*, p. 139.

La prima azione simbolica di Cristo è il battesimo in cui il cielo si unì a lui e lo Spirito discese in figura visibile; la seconda è la sua morte in cui riaffidò o restituì lo spirito al Padre, e, annientando in sé il finito, si sacrificò per il mondo. Queste azioni simboliche vengono continuate nel cristianesimo mediante la *comunione* e il *battesimo*.[16]

Nella comunione e nel battesimo Schelling rinviene anche un aspetto spirituale e un aspetto mistico; ma qui egli si ferma sull'aspetto simbolico, che è quello attraverso il quale la religione si fa poesia:

L'azione esteriore nella quale venga espressa l'unità d'infinito e finito è simbolica. Essa è infatti rappresentazione dell'unità d'infinito e finito nel *finito* o particolare.
La medesima azione, nella misura in cui è solo interiore, è mistica. [...]
Il misticismo in sé e per sé non è poetico. Esso è infatti il polo opposto alla poesia, la quale è l'unità d'infinito e finito nel *finito*.[17]

In secondo luogo, nella mitologia greca prevale la limitazione e l'eternità, nella cristiana il divenire e l'infinità. Infatti nella natura ogni particolare limitato è sede adeguata dell'infinito, e gli dei sono esseri durevoli ed eterni; mentre nel mondo morale ogni finito è inadeguato all'infinità dell'assoluto, e non può che alludervi momentaneamente. Nel mondo greco il finito, cioè il particolare, per questa sua perennità assume il carattere della specie, che non muore; mentre nella civiltà cristiana il particolare resta tale, poiché il finito solo perdendosi allude all'assoluto.

Si può in generale definire il mondo moderno come il mondo degli individui, quello antico invece come il mondo della specie. In quest'ultimo l'universale è il particolare, la specie è l'individuo; perciò esso è, nonostante vi domini il particolare, il mondo della specie. Nel primo invece il particolare si limita a significare l'universale e proprio perciò, perché vi *domina* l'universale, il mondo moderno è quello degli individui, della frammentazione. Là tutto è eterno, perenne, imperituro; il numero, per così dire, non vi esercita alcun potere, giacché il concetto universale della specie e quello dell'individuo coincidono. Qui invece, nel mondo moderno, la legge dominante è quella del mutamento e della trasformazione.

---

[16] *Ivi*, p. 123; pp. 139-140.

[17] *Ivi*, pp. 130-131.

Quivi tutto ciò che è finito tramonta, giacché non esiste per sé, ma solo per significare l'infinito.[18]

Se fra le due forme di mitologia e di poesia l'opposizione è di natura e storia, mondo fisico e mondo morale, necessità e libertà, essere e azione, ne deriva che l'opposizione si prolunga in quelle di limitazione e infinità, eternità e divenire, perennità e mutamento, durevolezza e instabilità, permanenza e costanza della specie e mutevolezza e transitorietà dell'individuo, immobile perfezione d'un mondo concluso e apertura d'un mondo in continuo progresso.

In terzo luogo, nell'arte della prima specie predomina l'esemplarità, in quella della seconda l'originalità. Infatti nella mitologia antica l'universale appare come particolare, il genere come individuo, mentre nella mitologia moderna l'individuo deve apparire come genere, il particolare come universale; il che significa che là il punto di partenza è unico, identico per tutti, perché è l'universale, mentre qui il punto di partenza è sempre diverso, perché è il particolare. La legge fondamentale della poesia moderna è l'originalità, ciò che era ben lungi dall'accadere nella poesia antica. Ogni individuo veramente creatore deve crearsi la sua propria mitologia. Gli antichi poeti erano individui che interpretavano l'intera specie, e facevano poesia adottando la mitologia comune. Invece nel mondo moderno è possibile conseguire l'universalità, cioè l'esigenza necessaria di ogni poesia, solo a chi nella sua propria limitazione sa crearsi la sua propria mitologia. Tutti i grandi poeti moderni si sono dovuti creare la loro propria personale mitologia, e per aver saputo farlo sono stati grandi: Dante, Shakespeare, Cervantes e il *Faust* di Goethe, «per quanto se ne può giudicare dall'unico frammento che ne possediamo».

In quarto luogo, nel mondo antico la religione è basata sulla mitologia, nel mondo moderno la mitologia è basata sulla religione. Il rapporto fra religione e poesia è che la prima è soggettiva e la seconda oggettiva. Ciò vuol dire che nella religione prevale l'idealità, nell'arte la realtà. Nella religione il finito è intuìto nell'infinito; nell'arte l'infinito è intuìto nel finito. Intuire il finito nell'infinito non impedisce che il finito appaia come riflesso dell'infinito; ma rappresentazione veramente simbolica e quindi mitologica è quella dell'infinito che appare nel finito:

---

[18] *Ivi*, pp. 131-132.

Nel primo caso la religione è fondata sulla mitologia, nel secondo al contrario la mitologia è fondata sulla religione. Infatti religione: poesia = soggettivo: oggettivo. Il finito viene intuìto nell'infinito mediante *religione* e solo così anche il finito diventa per me un riflesso dell'infinito; l'infinito invece viene intuìto nel finito simbolicamente e per ciò stesso mitologicamente. [...] La mitologia greca non era come tale religione: in sé stessa non può essere intesa che come *poesia*; religione essa divenne soltanto nel rapporto che l'uomo stesso si procurò con gli dei (con l'infinito) nelle cerimonie religiose ecc. Questo rapporto è invece nel cristianesimo il fatto primario, e ogni possibile rappresentazione simbolica dell'infinito e quindi anche ogni mitologia, ne dipende.[19]

Sulla base di quanto sopra enunciato, con la guida sicura della magistrale sintesi pareysoniana dell'estetica di Schelling, appare del tutto infondata la lettura che del saggio dantesco ha data Ezio Raimondi.[20] Infatti, quando egli afferma che «l'equivoco religione-arte - come si vede - è posto a capo della pagina; ma non sarà poi così deciso e assoluto, da impedire di cogliere alcuni momenti di solida e felice riflessione»,[21] non rileva che il rapporto arte-religione, lungi dall'essere un equivoco, costituisce per Schelling non solo, come abbiamo sopra indicato, la differenza tra poesia classica e poesia cristiana, ma anche il fondamento stesso dell'unità della *Commedia*

E quando il Raimondi cita un passo del saggio schellinghiano in cui si afferma che il poema di Dante «è un miscuglio (*Mischung*) di tutti gli elementi di questi generi, affatto nuovo e ad un tempo

---

19 *Ivi*, p. 138.

20 E. Raimondi, *Del saggio di Schelling su Dante*, «Convivium», 1947, 2, pp. 173-180.

21 *Ivi*, p. 174. Ma l'espressione «dove religione e poesia si congiungono» è la citazione di un verso del sonetto *Dante* di A. W. Schlegel, come indicato proprio dal Frigo: G. F. Frigo, *La Divina Commedia come «unione di religione e poesia». Nota filologico-estetica sulla scoperta «romantica» di Dante*, «Verifiche», VIII, 1978, pp. 238-240.

Il Vallone (A. Vallone, *Storia della critica dantesca dal XIV al XX secolo*, II, Milano-Padova, Vallardi-La Nuova Libraria, 1981, p. 810, nota 149) si limita a registrare, senza alcuna verifica, l'affermazione del Raimondi, aggiungendo di suo che «l'accentuazione sulla filosofia di Dante da parte dello Schelling e della critica tedesca, anche se non mancano i rilievi sulla «pittura dei caratteri e delle passioni» umane o sullo «spirito e carattere italiano» dell'opera, nel mentre avvia sostanzialmente alla ricerca del pensiero e della cultura di Dante uomo medioevale, spezza anche l'unità del mondo poetico ed applica la formula, di grande ed equivoca luce, di poesia e non poesia al poema dantesco» (pp. 781-782). Se è giusta l'osservazione che la critica romantica tedesca ha avviato la ricerca sul pensiero e la cultura di Dante medievale, sommamente ingiusto è attribuire a Schelling e ai romantici tedeschi la rottura dell'unità del poema e farne così dei crociani *ante litteram*. Basta il Bouterwek!

organico, che non può essere prodotto da un'arte arbitraria; un individuo assoluto, che non può essere confrontato con altri, che solo si può confrontare con se medesimo»,[22] più che riferirsi alla eversione romantica dei generi letterari, come egli crede di ritenere, Schelling riflette piuttosto la propria concezione dell'opera d'arte come prodotto organico, teorizzata già negli anni della «filosofia della natura», concezione che batte in breccia lo stesso concetto tradizionale di genere:

Ogni prodotto organico sussiste per sé stesso, la sua esistenza non dipende da un'altra esistenza. Ora, la causa non è però mai *identica* all'effetto: un rapporto di causa ed effetto è possibile solo fra cose affatto *diverse*. L'organismo (*Organisation*), invece, produce *sé stesso*, scaturisce *da sé stesso*: ogni singola pianta non è che il prodotto di un individuo della *sua* specie, e così ogni singolo organismo produce e riproduce all'infinito soltanto il *proprio genere*. Nessun organismo quindi *procede* in avanti, ma ritorna sempre in *sé stesso* all'infinito. Pertanto un organismo come tale non è né *causa* né *effetto* di una cosa fuori di esso, e quindi non è qualcosa che possa inserirsi nel nesso di causa ed effetto. Ogni prodotto organico porta in *sé stesso* la ragione della propria esistenza, giacché è causa ed effetto di sé stesso. Nessuna parte singola potrebbe sorgere se non in questo tutto, e questo stesso tutto consiste nell'*azione reciproca* delle parti. In ogni altro oggetto le parti sono *arbitrarie*: esse esistono solo in base alla mia *divisione*. Soltanto nell'essere organizzato le parti sono *reali*, ed esistono senza il mio intervento, poiché tra esse e il tutto v'è un rapporto *oggettivo*. [...] Ogni organismo è dunque un *tutto*: la sua *unità* si trova *in lui* stesso, e non dipende dal nostro arbitrio pensarlo come un'unità o come una molteplicità. Il rapporto di causa ed effetto è qualcosa di transitorio, di dileguante, mera *apparenza*, nel senso comune del termine (*Erscheinung*). L'organismo invece non è mera apparenza, ma *esso stesso* oggetto, e più precisamente un oggetto sussistente di per sé stesso, in sé stesso intero e indivisibile; e poiché in esso la forma è inseparabile dalla materia, l'*origine* di un organismo in quanto tale non è più spiegabile meccanicisticamente di quanto non lo sia l'origine della materia stessa.[23]

---

22 E. RAIMONDI, *op. cit.*, p. 175.

23 F. W. J. SCHELLING, «Introduzione» alle *Idee per una filosofia della natura come introduzione allo studio di questa scienza* (1797), in L. PAREYSON, *Schelling*, cit., pp. 140-141. Occorre, però, specificare che il prodotto artistico si differenzia dal prodotto organico naturale, perché l'essere organico rappresenta ancora indivise l'attività cosciente (il soggettivo) e la inconscia (l'oggettivo) che la produzione estetica invece rappresenta dopo la separazione, ma unificate, e perché la produzione organica non esce dalla coscienza, cioè dall'infinita antitesi tra le due attività, che è la condizione della produzione estetica: F. W. J. SCHELLING, *Sistema dell'idealismo trascendentale*, trad. it. di M. Losacco, riv. da G. Semerari, Bari, Laterza, 1965, p. 295.

Un'altra ragione del dissenso con l'analisi del Raimondi sta nel fatto che, dopo aver detto che al genere astratto e al suo limite esterno è succeduto il genere concreto che risponde solo alla propria norma interna, egli afferma che «in questo senso direi vada inteso il pensiero dello Schelling, per cui la *Divina Commedia* nasce in quella «necessità volontaria» e in quella «volontà necessaria», senza le quali tutta l'arte moderna non potrebbe essere né intesa né pensata».[24] Ancora una volta, non si tratta della teoria dei generi, ma di costruire filosoficamente il concetto di arte, il che significa determinare il posto dell'arte nell'universo.

L'arte, infatti, è da Schelling concepita come la suprema potenza del mondo ideale, cioè il culmine dello spirito. Ciò significa che l'arte è l'indifferenza fra il sapere e l'agire, cioè il punto in cui sapere e agire non si possono né separare né distinguere l'uno dall'altro: l'arte è un agire tutto penetrato di sapere e un sapere fattosi tutto agire, tanto che essa si presenta come «un sapere agente e un agire sapiente». Come sintesi di agire e sapere l'arte è anche sintesi di libertà e necessità: essa getta una luce sulla specie di necessità che sperimentiamo nel sapere e sulla specie di libertà che sperimentiamo nell'agire, e le unisce entrambe in una «libera necessità» o in una «libertà necessaria». Vi è infatti una corrispondenza fra il sapere, la verità, la necessità da un lato, e l'agire, il bene, la libertà dall'altro. Ciò che caratterizza l'agire è la libertà, che mira al bene; ciò che caratterizza il sapere è la necessità che è imposta dalla verità. Ma nell'arte, come sintesi di agire e sapere, si realizza la sintesi di libertà e necessità: l'arte è sintesi assoluta o compenetrazione reciproca di libertà e necessità. «Tutti ammettono – dice Schelling – che l'arte non poggia né soltanto su un agire libero e arbitrario, perché è piuttosto un agire vincolato, né su un agire necessario, determinato dall'esterno. Il principio fondamentale dell'arte è la libera necessità».[25]

La concezione schellinghiana dell'opera d'arte come organismo vivente è al centro della polemica con il Bouterwek. Infatti allo

---

[24] E. Raimondi, *op. cit.*, p. 176.

[25] F. W. J. Schelling, *System der gesamten Philosophie und der Naturphilosophie insbesondere*, in Id., *Sämmtliche Werke*, VI, Stoccarda, Cotta, 1856-1861, p. 569.

Si veda L. Pareyson, *L'estetica di Schelling*, cit., pp. 76-77. D'altra parte, il concetto di arte come compenetrazione reciproca di libertà e necessità è proprio ciò che distingue il pensiero estetico di Schelling da quello dei romantici dell'«Athenaeum»: R. Assunto, *Estetica dell'identità: lettura della «Filosofia dell'arte» di Schelling*, Urbino, S.T.E.U., 1962, p. 45, nota 8.

storico di Gottinga, il quale aveva affermato che la *Divina Commedia* è nella sua totalità «una galleria poetica; un sèguito di quadri di diverso contenuto tenuti insieme solo da una cornice grottesca» e che «nonostante tutti questi errori di composizione e di svolgimento, la *Divina Commedia*, se la consideriamo *per frammenti*, è uno dei più nobili e più bei prodotti di uno spirito indipendente»,[26] lo Schelling, nella ferma considerazione del poema dantesco come un tutto organico, nel quale tutto è necessariamente determinato, il maggior segno distintivo, questo, del genio, segnatamente di Dante, «la più grande individualità del mondo moderno», così risponde:

> Eh già! Il Bouterwek spinge la sua condiscendenza così lontano da trovar belli alcuni passi o alcune similitudini e di metterli in risalto, visto che non può nemmeno per una volta, «*salvare*» l'onore del tutto, e confessare che la *Divina Commedia*, se apprezzata «per frammenti», è uno dei prodotti più nobili.[27]

E non è certo per caso se nel 1920 Benedetto Croce nel saggio *Intorno alla storia della critica dantesca* sia portato a svalutare nettamente le posizioni di Schelling e di Hegel e ad esaltare invece proprio la posizione del Bouterwek, nella difesa della distinzione tra il «sistema» e la poesia della *Commedia*, quasi un antesignano del metodo critico di poesia e non poesia.

> Non molto, in verità, offre su questo argomento lo Schelling, al quale si deve il paragone, tante volte ripetuto dipoi, della *Commedia* col *Faust*, e la caratteristica del poema dantesco come prima manifestazione di ciò che è proprio della poesia moderna, l'unione della scienza, della religione e dell'arte con la storia e della storia con l'allegoria, la creazione di una nuova mitologia, onde esso è da considerare, non quale singola poesia, ma «poesia della poesia»; e poco anche si legge nello Hegel, che definì la *Commedia* «una sorta di epopea, che ha per oggetto l'azione eterna, l'amor divino», e mise in rilievo la trattazione delle azioni e dei personaggi, i quali stanno sempre in Dante come «giudicati». Ma in molto conto si dovrebbe tenere la critica che di Dante scrisse nel 1801 il Bouterweck, la quale stranamente è affatto dimenticata dai dantisti o, più strano ancora, rammentata sopra una vaga fama di misconoscimento, di detrazione, di calunnia dell'opera dantesca, e quasi semplice prosecuzione del volteri-

---

[26] Si veda *supra*, pp. 49 e 51.

[27] Si veda *supra*, pp. 62-63.

smo e dell'irriverenza del settecento. Il Bouterweck, senza dubbio, fu inopportunamente severo verso la «composizione» o «costruzione» del poema, della quale non gli sembrava si potesse «salvar l'onore» e che gli dava immagine di un gran labirinto gotico, gravato da nebbia di allegorie, un labirinto difficile all'intelligenza e che, in fondo, non compensava le fatiche che si spendevano per intenderne l'architettonica e il congiunto ordinamento delle pene, delle purgazioni e dei premi, perché il sentimento artistico (*das Kunstgefühl*) ha poco o nulla che vedere con ciò che nella *Commedia* è «sistema». L'impossibilità di menare innanzi tutti insieme senso allegorico e senso letterale aveva costretto il suo autore a salti e a sottigliezze, e l'unità dell'opera era venuta meno, ossia vi era soltanto l'estrinseca unità della narrazione di un viaggio, non l'intrinseca dell'epica, e, pel rimanente, un'unità allegorica o teologica. Anche giudicava impoetiche le parti scolastiche, teologiche e astronomiche, e di tal natura la concezione del Paradiso che di necessità la fantasia vi si trovava innanzi all'inesprimibile, al vuoto poetico, col solo elemento sensibile che la dommatica ancora concedeva, la luce. Gli pareva, dunque, la *Commedia*, «una galleria di pitture con cornice grottesca»; ma, nonostante questi difetti di composizione ed esecuzione, essa, «quando la si valuti per frammenti» (*wenn wir sie fragmentarisch schätzen*), è «uno dei più nobili e belli prodotti di uno spirito originale»: un'opera non preparata dalla precedente letteratura, non riportabile alle letture dell'autore, e della quale, per questo riguardo, la poesia moderna non può mostrare altra pari, e ciò senza alcuna eccezione, perché lo stesso Shakespeare lo si vede uscire di tra una folla di predecessori e Dante no. Era, questo, un entrare nel vivo delle difficoltà; e l'acume e il coraggio con cui il Bouterweck si sforzava di distinguere in Dante sistema e poesia, ed esaltava la poesia sul sistema, debbono rendere indulgenti circa il troppo sbrigativo trattamento degli elementi dottrinali del poema e circa il principio della «frammentarietà», il quale, se per una parte era adesione ai giudizi su Dante del Bettinelli e di altri settecentisti, per l'altra anticipava un più libero modo d'interpretare e gustare la poesia.[28]

La coerenza del suo pensiero e il rigore della sua tesi portano il Croce ad una interpretazione piuttosto riduttiva della stessa posizione di Francesco De Sanctis, che irrigidisce troppo nel rapporto dei «due Danti», inteso come quello «tra allegorismo e poesia», mentre molto più complesso, profondo e mobile è l'irresoluto travaglio del De Sanctis intorno al problema critico della *Commedia*:

---

[28] B. CROCE, *Intorno alla storia della critica dantesca*, in ID., *La poesia di Dante*, Bari, Laterza, 1956[8], pp. 187-189.

Il motivo critico dei due Danti e della dualità della *Commedia*, che al Bouterweck si era presentato come una distinzione e diversità tra il «sistema» e la poesia del poema, e ad altri, meno esattamente, come un contrasto tra il Dante teologo e il Dante poeta, se non è propriamente il problema unico o centrale della critica dantesca, è certamente il problema preliminare, che questa si vede innanzi. Intorno a siffatto problema, nessuno tanto si travagliò quanto Francesco de Sanctis, le cui indagini su Dante presero forma dapprima nelle lezioni napoletane del 1842-43, poi nelle conferenze torinesi del 1854-55 e in un libro a cui lavorò su Dante, e furono messe a stampa nei saggi sui principali episodi dell'*Inferno* e nel lungo capitolo sulla *Commedia*, inserito nella *Storia della letteratura* del 1869-70, gli uni e l'altro estratti dal manoscritto del libro che si è detto di dieci anni innanzi, rimasto imperfetto. Gli studi del De Sanctis su questo argomento non giunsero, dunque, mai a piena maturità e furono piuttosto arrestati che conclusi; e ciò giova tener presente per quello che qui si osserverà. Invero, la soluzione che egli dette del problema della dualità non trovò il punto giusto, perché il rapporto dei due Danti, variamente atteggiato dai suoi predecessori, venne da lui concepito come quello tra allegorismo e poesia (o, come anche talvolta disse, tra cielo e terra), laddove esso era effettivamente e propriamente (come bene aveva visto o intravisto il Bouterweck) dualità, e talora dissidio, di struttura e poesia. Egli descrisse, per conseguenza, un Dante «sublime ignorante», ignaro della sua vera grandezza, illogico nel suo fare, che, gran poeta quale era, si ribellava involontariamente e inconsapevolmente alle intenzioni che si era prefisse, all'allegorismo, e si lasciava soverchiare da quella che chiamava «bella menzogna», onde la *Commedia* sarebbe riuscita «il Medioevo realizzato come arte, malgrado l'autore e malgrado i contemporanei». La quale lotta può essere nella nostra immaginazione come simbolo del contrasto tra la realtà della poesia e le teorie di Dante critico, ma non era in Dante poeta, che di solito lasciava l'allegoria all'esterno e altra volta interrompeva la poesia per appagare propositi allegorizzanti, e, appagati questi propositi e riposando sulle sue teorie, creava con allegra forza di poeta. Malgrado quella dubbia spiegazione teorica, il De Sanctis era tuttavia animato dalla sana tendenza, propria dei critici romantici, a sciogliere il Dante poeta dalla confusione col Dante teologo, filosofo e politico, e a considerarlo per sé, e a togliere importanza all'allegoria, sebbene non definisse esattamente la natura di questo procedimento mentale.[29]

Certamente è merito del Croce, come ha notato il Sapegno, l'aver rilevato che la critica desanctisiana sul poema dantesco si ar-

[29] *Ivi*, pp. 193-194.

ticola costantemente intorno al problema cruciale della dualità fra il sistema teologico e l'invenzione poetica, fra la struttura e la poesia; come pure è merito del Croce l'aver sottolineato l'incertezza e l'ambiguità delle formule di cui il De Sanctis si avvale a questo proposito, ora opponendo allegoria e poesia, ora tentando di interpretare il nesso fra «cielo» e «terra», o il trapasso fra il «mondo dell'intenzione» e il «mondo dell'arte». Ma ciò che il Croce non avvertiva, o non voleva avvertire, è che il motivo della dualità del poema si poneva per il De Sanctis, sulla linea di una lunga tradizione critica e inserendosi polemicamente nel dibattito delle dottrine romantiche, come un *rapporto*, e non come una distinzione, nell'esigenza di ristabilire, non immediatamente, ma dialetticamente, il valore della *Commedia* come opera di poesia, ferma rimanendo in lui la necessità di affermare l'unità poetica della *Commedia*, non nel rifiuto, ma attraverso l'accettazione e il riassorbimento delle sue componenti strutturali e dottrinali.

La parabola di questa ricerca si illumina nei suoi termini estremi, e per così dire emblematicamente, mettendo a riscontro le lezioni napoletane, dove il tema s'imposta con formule ancora nettamente hegeliane come incontro di «idea divina» e «forma umana» e il momento unitario è individuato precipuamente nella presenza costante della personalità di Dante protagonista, e la famosa quarta lezione zurighese, dove, attraverso una serrata critica dell'estetica hegeliana (che per altro tende a salvare la fortissima facoltà di intuizione storica del maestro in confronto allo schematismo scolastico degli epigoni), si approda al superamento della distinzione di idea e forma, e la forma è sentita davvero come unità organica, che investe la totalità del contenuto nella particolare angolazione di una prospettiva estetica. [...]

Quanto alla dialettica interna della ricerca (e alla relativa impossibilità per il De Sanctis di toccare, se non saltuariamente, un punto fermo, in cui si sciogliessero le aporie risultanti dai diversi procedimenti analitici), si può ricorrere alla seguente descrizione schematica, ma sostanzialmente esatta, delle distinte posizioni desanctisiane (tenendo presente però che nella realtà del discorso critico esse si avvicendano e non di rado interferiscono e si sovrappongono fra di loro). Quando la costruzione e l'invenzione della *Commedia* gli si configurano come veste allegorica di una ideologia religiosa e politica, allora il rapporto tra allegoria e poesia gli appare come il tentativo assurdo, radicato in una mentalità medievale e scolastica, di far combaciare due elementi opposti e *a priori* inconciliabili. Quando invece una considerazione meglio aderente e più profonda del testo gli impone di adottare una formula che maggiormente s'intona al reale esplicarsi dell'invenzione dantesca, definendola nell'incontro di mondo e oltremondo, terra e cielo, allora il dissidio prima rigidamente affermato si attenua e in gran parte si dissolve. La sua sensibilità umanistica può bensì portarlo a identificare naturalmente i valori poetici con la realtà terrena e l'esperienza mondana, ma egli si rende ben conto che l'oltremondo non è in Dante un accessorio estrinseco e una sovrapposizione arbitraria, sì uno stimolo operante in seno alla sua concezione della realtà e capace di modificarla dall'interno attribuendole una dimensione nuova e più ricca.[30]

La tensione drammatica del De Sanctis nella comprensione critica della *Commedia* raggiunge il punto più alto nel grande saggio degli anni di Zurigo (1857):

Che cosa è questa poesia? È la vita umana guardata dall'altro mondo.

La vita è di una inesauribile ricchezza, e, secondo che tu la guardi da un lato o dall'altro, ti scopre sensazioni, sentimenti, aspetti nuovi. Mutato l'orizzonte, si muta lo spettacolo; le stesse cose ti appariscono con un'altra faccia; ti par quasi di avere acquistato un sesto senso che ti rivela un nuovo mondo e te lo fa lucere innanzi con la giovinezza e la maraviglia delle prime impressioni.

Dante ha aggiunto questo nuovo senso alla poesia, cambiando il punto di prospettiva. La poesia ordinaria ha la sua sede in terra; i Celesti scendono quaggiù, si mescolano cogli uomini, si fanno attori. Dante ha trasportato la terra nel cielo, ha capovolta la base. L'altro mondo rende i corpi ombre, ombre gli affetti e le grandezze e le pompe terrene, spiritualizza, trasfigura la storia. I personaggi più volgari, le cose più indifferenti acquistano un significato, diventano poesia, guardate nell'altro mondo, Ciacco e Taide, perché portano il suggello dell'eternità sulla fronte, acquistano proporzioni ideali, e ti destano sentimenti che certo non proveresti, se l'incontrassi in terra. La storia contemporanea resiste alla poesia, perché ti mostra una realtà senza ombre, con contorni fissi, ribelle alla immaginazione. Ma, collocata nell'altro mondo, la realtà ti trema innanzi, ti si trasfigura, i personaggi più noti acquistano un'altra faccia, perché ti appariscono sul piedistallo dell'infinito. Farinata lo vedi a duemila anni di distanza, ti sembra contemporaneo di Capaneo. Il maraviglioso ti si affaccia di per sé, senza bisogno che tu lo cerchi, solo in virtù della situazione. Hai nuove attitudini, nuove sensazioni, nuove maniere di esprimerle.

---

[30] N. Sapegno, *Gli studi danteschi del De Sanctis*, in *Atti del I° Congresso nazionale di studi danteschi (Caserta-Napoli, 21-25 maggio 1961)*, Firenze, Olschki, 1962, pp. 102-103.

Che cosa è questa poesia? È la terra guardata dall'altro mondo. Aggiungete ora: è l'altro mondo guardato dalla terra. [...]

Come un viaggiatore che osserva remote contrade con la memoria ancor fresca della sua patria, sicché tutto in che s'incontra vede a traverso del suo paese, Dante vede l'altro mondo a traverso della terra, a traverso delle sue passioni. Così la vita s'integra, l'altro mondo esce dalla sua astrazione, cielo e terra si mescolano, ed una poesia concepita nelle altezze della più astrusa mistica discende nel più intimo e vivace della realtà! E qui è la grandezza e la verità della concezione, in questa onnipresenza de' due mondi in reciprocanza d'azione, che si spiegano e si temperano l'un l'altro. I due mondi si succedono, si avvicendano, s'incrociano, si penetrano. Tutto è pieno di questa unità.[31]

Allorché il De Sanctis si accorge – ed è un'osservazione giusta del Sapegno – che oggetto della poesia di Dante è propriamente «la vita umana guardata dall'altro mondo», e viceversa, e che in essa i personaggi e le vicende acquistano, per la mutata prospettiva, «un'altra faccia, perché ti appariscono nel piedistallo dell'infinito», egli è veramente sul punto di toccare il nodo della questione, senonché in questa posizione non si ferma e non riesce a svolgerla fino in fondo.

L'ostacolo principale che impediva al De Sanctis di condurre fino in fondo la sua indagine, e soprattutto di applicarla coerentemente sul piano analitico, era la presenza di una forte sensibilità romantica, con la conseguente incapacità ad aderire simpaticamente ai temi e agli schemi della poetica medievale (donde, tra l'altro, il fastidio di ogni soluzione, non pure allegorica, ma in largo senso simbolica e figurale); e più ancora forse un residuo di atteggiamenti illuministici, che gli precludeva l'intendimento e la valutazione positiva del «mondo intenzionale» di Dante nella specifica sostanza della sua cultura religiosa e delle forme scolastiche del suo pensiero. Donde anche la sordità, in lui persistente dalle prime lezioni napoletane fino ai saggi ultimi, per certi aspetti della poesia dantesca, con speciale riguardo al *Paradiso*; e, persino nell'ambito delle zone più aperte al suo gusto, la troppo scarsa attenzione alla concreta dialettica dei problemi morali e teologici che determina la perplessità e la drammaticità dei grandi miti della *Commedia*. Ma qui appunto si delinea, proprio nella via che egli a tratti sapeva indicare con estrema chiarezza, il compito aperto alla critica moderna, che ha superato le remore illumini-

---

[31] F. De Sanctis, *Dell'argomento della «Divina Commedia»*, in Id., *Lezioni e saggi su Dante*, a cura di S. Romagnoli, Torino, Einaudi, 1967, pp. 542-544.

stiche e romantiche e utilizza sussidi ben altrimenti ricchi e precisi di quelli di cui egli poteva disporre: il compito, voglio dire, di approfondire il tema della genesi storica del momento poetico, fino a far coincidere, al limite, l'intelligenza della struttura analizzata e sviscerata in tutti i suoi elementi con la scoperta totale della poesia.[32]

È facile oggi accorgersi che il citato saggio crociano del 1920 non tanto apriva una strada nuova né offriva strumenti inediti per una più aderente lettura del poema, quanto piuttosto riassumeva e concludeva il percorso secolare della precedente critica dantesca, facendo proprio l'atteggiamento della corrente più moderata di quella tradizione, per salvare, con la rigorosa applicazione di un metodo filosoficamente ragionato, la poesia di Dante. Scrive, a tal proposito, il Sapegno:

Dalla precedente critica dantesca il Croce desumeva intanto il generico fastidio nei riguardi dell'organismo intellettuale della *Commedia* e del suo contenuto teologico e moralistico di marca schiettamente medievale, fastidio tramandato in vario modo e in diverse forme attraverso tante generazioni di lettori umanisti, classicisti e aristotelici, razionalisti e illuministi, e anche romantici (per i quali tutti il medioevo persisteva a configurarsi come un preciso bersaglio polemico, la letteratura teologica un tessuto di ardite e noiose sottigliezze, la rettorica e la poetica dell'età di mezzo un'espressione di cattivo gusto); e più specificamente riproponeva l'atteggiamento della corrente più moderata e cauta di quella tradizione critica, intesa a salvare il riconosciuto genio dell'Alighieri sottraendolo all'ipoteca della sua arcaica dottrina, distinguendo e anzi contrapponendo il poeta al teologo, al profeta e al polemista, sottolineando la necessità di una lettura rapsodica e frammentaria che puntasse tutta sui valori drammatici o patetici o comunque fantastici dei singoli episodi al di là del contesto razionale per definizione non poetico o addirittura antipoetico.

Di qui il particolare rilievo che, nel libro del Croce, assumeva la distinzione fra struttura e poesia, attraverso la formula già di per sé infelice del «romanzo teologico» (di un sapore, staremmo per dire, squisitamente volteriano); e la conseguente negazione dell'unità «poetica» dell'opera, la quale si frantumerebbe in una serie di momenti lirici indipendenti, solo esteriormente connessi a una parallela serie di schemi intellettualistici e strutturali, e tutt'al più ritroverebbe una sua organicità, al di fuori e sia pure al di sopra della poesia, nella robusta inquadratura mentale e nella compatta concezione etica dello scrittore.

---

32 N. SAPEGNO, *Gli studi danteschi del De Sanctis*, cit., pp. 104-105.

Basta leggere con un po' d'attenzione, magari fra le righe, il rapido panorama della critica dantesca, che costituisce l'appendice del saggio crociano, per accorgersi oggi che i problemi intorno ai quali si travagliava l'ingegno del critico nello sforzo di discriminarli e portarli a una maggior coerenza e consapevolezza, erano quelli stessi che gli proponeva una lunga tradizione, irta di limitazioni, di diffidenze e di riserve, e solo parzialmente contraddetta all'interno dall'intermittente presenza di una più vivace e pronta ma sempre frammentaria sensibilità lirica (più chiaramente percepibile nel filone che va dal Vico ai romantici); e soprattutto rimanevano immutati la linea del gusto sostanzialmente umanistico e il fondamentale pregiudizio avverso alle forme e ai contenuti della cultura medievale. Tradizione di gusto e pregiudizio storico, per eccellenza disadatti a fornire un criterio appropriato di interpretazione della maggiore opera poetica in cui si riassume al vertice tutto il significato della civiltà del medioevo (e il suo peculiare concetto della poesia).[33]

Proprio l'antimedievalismo viene a costituire il punto di discrimine tra le due grandi correnti, che, in opposizione irriducibile, percorrono tutta la secolare tradizione critica dantesca: la linea "unitaria" romantico - schellinghiana, che, partendo da una nuova e diversa prospettiva storiografica della civiltà medievale, attraverso Hegel e, in parte, lo stesso De Sanctis, arriva fino all'Auerbach e la linea "dualistica" di ascendenza classicistico - illuministica, la cui impostazione tradizionale viene nel Novecento ripresentata dal Croce con nuovo rigore di formulazione.

Seguiamo ancora il limpido discorso del Sapegno:

I fondamenti di una più aderente e moderna lettura del poema dantesco erano già stati posti invero nel secolo scorso, se pure in forma sommaria e non confortata da una distesa dimostrazione analitica, da alcuni grandi critici romantici, e in modo particolarmente lucido da Hegel e da De Sanctis (dal De Sanctis delle lezioni zurighesi, e in parte della *Storia*, meglio che da quello dei saggi sui maggiori episodi dell'*Inferno*). Essi per primi avevano rovesciato il tradizionale criterio di lettura frammentaria, avevano mostrato l'impossibilità di scindere il contenuto di umanità della rappresentazione dantesca dalla struttura teologica in cui esso cresce e prende il suo significato, la drammatica cronaca terrestre dallo sfondo immobile ed eterno su cui essa si proietta, la poesia dall'ideologia, il «mondo» dall'«oltremondo» che a quello fornisce una nuova dimensione

---

[33] N. SAPEGNO, *La critica dantesca dal 1921 ad oggi*, in *Atti del Congresso internazionale di studi danteschi (20-27 aprile 1965)*, Firenze, Sansoni, 1966, pp. 265-266.

e un'imprevedibile complessità di risonanze anche poetiche collocando vicende e personaggi «sul piedistallo dell'infinito».

Non a caso dalle bellissime pagine dell'*Estetica* hegeliana doveva prender le mosse Erich Auerbach, in quel suo libro, *Dante als Dichter der irdischen Welt*, che, pubblicato nel 1929, e seguito poi da una lunga serie di successivi ampliamenti, esemplificazioni e chiarificazioni, rappresenta, più di ogni altro scritto forse di quest'ultimo cinquantennio, la presa di coscienza e l'avvio di una svolta radicale della critica dantesca: punto d'incontro in cui converge e da cui si diparte una fitta trama di analisi e di ricerche tuttora in pieno svolgimento.

Per molti riguardi le proposte metodologiche dell'Auerbach, soprattutto in un primo tempo, nascevano sul terreno delle dispute provocate dal libro del Croce intorno al tema dei rapporti fra struttura e poesia, ma anche fin da principio mostravano il proposito di non attardarsi nell'ozioso e sterile groviglio di quelle controversie bizantine, di eludere d'un balzo i pericoli di una polemica astratta, per riallacciarsi ai motivi essenziali della grande critica dantesca, accentrando l'esame intanto sulla caratterizzazione del linguaggio del poeta e sulla nota del suo peculiare realismo [...]

Omettendo parecchie altre voci, grandi e piccole e minime, che non sarebbe difficile elencare a questo proposito, e senza togliere a questa corrente critica il merito, che le spetta senza dubbio, d'aver contribuito, in vari modi ora più pertinenti e ora più avventurosi, a svecchiare una problematica esausta; occorre tuttavia dire subito che l'opera dell'Auerbach si collocava su un piano diverso e apriva strade più feconde: altri, e più essenziali, i temi delle sue indagini; più diretti e coraggiosi gli strumenti dell'analisi; di più nobile e antica estrazione le fonti a cui dichiaratamente voleva appoggiarsi. Hegel appunto, anzitutto, il quale aveva avvertito che Dante «immerge il mondo vivente dell'agire e del patire, l'azione e la sorte dell'individuo, in uno sfondo di esistenza immutabile». Analogamente, avrebbe potuto richiamarsi a Schelling, il quale aveva sottolineato per converso, che le figure di Dante non si riducono mai ad allegorie e, pur implicando un significato, una *Bedeutung*, mantengono rispetto ad esso tutta la loro indipendenza e il loro «essere in sé» (*an sich selbst sein*); e citare il nostro De Sanctis, nei luoghi famosi in cui insiste sull'intreccio inestricabile della rappresentazione mondana e della sua proiezione oltre mondana in un organismo vivente, e illustra la necessità poetica del quadro trascendente chiamato da Dante ad arricchire e complicare di inaudite risonanze i dati della sua cronaca terrestre, in funzione di «tipo, esemplare e giudice».[34]

---

[34] *Ivi*, pp. 270-271.

Irriducibile al congenito frammentismo della pura tecnica stilistica e immune, per il suo forte senso della storia, dal suo altrettanto congenito astoricismo, il tentativo dell'Auerbach puntava diritto a un'interpretazione globale della *Commedia* che inverasse le intuizioni della grande critica romantica, articolandole in un'analisi del testo e inventando i criteri più appropriati a trasformarle in un metodo concreto e aderente di lettura.

Da questo punto di vista, il tema della dialettica di struttura e poesia si trasformava, e capovolgeva, in quello di intendere il valore della struttura in sé, non più considerata soltanto alla stregua di una somma di cognizioni e convinzioni, di astratti dati ideologici, ma proprio come invenzione e architettura attuata, forma di una particolare poesia, strumento consapevolmente adottato dallo scrittore per costituire una nuova prospettiva di racconto, in cui dare collocazione e diverso risalto alla vicenda individuale e alla pregnanza tipica dei personaggi.

Come è noto, a questo scopo, l'Auerbach escogitò, e per meglio dire riprese allargandone il significato, varie formule, su cui doveva ritornare con insistenza nei suoi scritti posteriori, a cominciare dal suggerimento del Gilson relativo all'idea tomistica, secondo cui l'essenza dell'individualità umana trova la pienezza della sua realizzazione solo nell'al di là – idea che, applicata ai personaggi danteschi, ne illumina in base a una posizione appunto strutturale tutta la portata di contenuto poetico –, per finire alla scoperta del criterio di interpretazione «figurale», che resta, a mio parere, il più persuasivo e illuminante tra quelli forniti dalla critica negli ultimi decenni, e il più solidamente radicato nella cultura e nella poetica del medioevo e di Dante stesso.

Ma quand'anche si voglia respingere l'una e l'altra, o magari tutte, queste formule o se non altro limitarne il peso, resta valido ad ogni modo il punto di partenza, l'esigenza di una lettura unitaria che da una tale impostazione del problema critico scaturisce. E resta fondamentale il capovolgimento che siffatta impostazione comporta: di partire cioè dalla struttura per approfondire la comprensione della poesia, per accorgersi alfine che i due termini non si contrappongono, perché la poesia è struttura in atto, e la struttura nel suo attuarsi è poesia. Onde l'importanza dell'opera dell'Auerbach non sta tanto nelle parti applicate, e cioè nell'analisi, sia pure a volte singolarmente felice e penetrante, di questo o quell'episodio del poema; ma in quest'ampiezza di sguardo, in questa costante attenzione portata sul momento unitario dell'ispirazione, in lui la poesia elabora attraverso la struttura il suo linguaggio e i modi e i toni del suo specifico realismo, accogliendo e al tempo stesso spezzando, nello sforzo della rappresentazione piena dell'individualità, gli schemi della visione medioevale e risolvendo i suoi tipi, senza annullarne, anzi esaltandone all'estremo, le implicazioni dottrinali e morali, nell'umanità eroica o drammatica o patetica dei caratteri poetici.[35]

Quando il Sapegno, nel passo sopra riportato, indica le fonti a cui l'Auerbach s'è «appoggiato» nella sua indagine dantesca, il riferimento naturale è a Hegel, ma «analogamente – soggiunge lo stesso Sapegno – avrebbe potuto richiamarsi a Schelling, il quale aveva sottolineato per converso che le figure di Dante non si riducono mai ad allegorie e, pur implicando un significato, mantengono rispetto ad esso tutta la loro indipendenza e il loro "essere in sé"». Ora, questa indicazione del Sapegno va corretta, perché l'Auerbach non solo si è *effettivamente* richiamato a Schelling (lo testimonia, del resto, la prolusione di Marburgo), ma anche perché quel punto centrale del discorso schellinghiano, a cui si riferisce il Sapegno, costituisce addirittura il nucleo generatore dell'interpretazione «figurale» della *Commedia*, dal saggio *Figura* del 1938 al capitolo dantesco di *Mimesis* del 1946.

Riportiamo il passo schellinghiano:

Questo ha fatto Dante. Egli si trovava davanti la materia storica della sua epoca e di quella del passato, ma non poteva rielaborarla in forma di puro epos, in parte a causa della propria natura, in parte perché in tal modo avrebbe nuovamente escluso altri aspetti della cultura del suo tempo, alla cui totalità appartenevano anche l'astronomia, la teologia e la filosofia contemporanee. Queste non poteva trattarle in un poema didascalico, giacché così si poneva di nuovo dei limiti, e per essere universale il suo poema doveva essere contemporaneamente storico. Per dare a questa materia la connessione e la forma organica di una totalità, occorreva un'invenzione originalissima, scaturente dall'individuo. Mancando una mitologia simbolica, non gli era possibile rappresentare simbolicamente le idee della filosofia e della teologia. Tantomeno poteva comporre un poema del tutto allegorico, perché questo non poteva allora essere storico; perciò doveva essere una mescolanza particolarissima di allegoria e di storia. Una soluzione di questo genere non l'offriva la poesia esemplare degli Antichi: solo l'individuo poteva trovarla, solo una invenzione completamente libera poteva perseguirla.

Il poema di Dante non è allegorico nel senso che le sue figure significhino solo qualcosa d'altro, senza essere indipendenti da quel significato e sussistere in sé; nessuna di queste figure, d'altra parte, è così indipen-

[35] *Ivi*, p. 272 sgg.

dente dal significato da essere l'idea stessa e insieme qualcosa di più della sua allegoria. C'è, dunque, nel suo poema un medio originalissimo tra l'allegoria e la creazione simbolico-obbiettiva. Non c'è dubbio – e lo stesso poeta l'ha chiarito in altro luogo – che Beatrice, per esempio, è un'allegoria, l'allegoria della teologia; così le sue compagne, così molte altre figure. Nello stesso tempo, però, esse valgono per sé e si presentano come personaggi storici, senza per questo essere dei simboli.

Sotto questo aspetto, Dante è esemplare, in quanto ha espresso ciò che il poeta dell'età moderna deve fare per fissare tutta la storia e tutta la cultura del suo tempo – l'unica materia mitologica che gli sta davanti – in una totalità poetica. Egli è costretto da un'assoluta arbitrarietà a congiungere ciò che è allegorico e ciò che è storico. È costretto ad essere allegorico – e lo è anche contro la sua volontà –, perché non può essere simbolico; è costretto ad essere storico, perché deve essere poetico.[36]

Se ora leggiamo un passo del saggio auerbachiano *Figura*, avremo la prova che Schelling è la fonte «attuale», e non soltanto «potenziale», dell'Auerbach, come vorrebbe invece il Sapegno:

L'interpretazione figurale stabilisce fra due fatti o persone un nesso in cui uno di essi non significa soltanto sé stesso, ma significa anche l'altro, mentre l'altro comprende o adempie il primo. I due poli della figura sono separati nel tempo, ma si trovano entrambi nel tempo, come fatti o figure reali; essi sono contenuti entrambi, come si è già sottolineato più volte, nella corrente che è la vita storica, mentre solo l'intelligenza, l'«intellectus spiritualis», è un atto spirituale; un atto spirituale che considerando ciascuno dei due poli ha per oggetto il materiale dato o sperato dell'accadere passato, presente o futuro, non concetti o astrazioni; questi sono affatto secondari perché anche la promessa e l'adempimento sono fatti reali e storici che in parte sono accaduti nell'incarnazione del Verbo, in parte accadranno nel suo ritorno. È vero che nelle concezioni dell'adempimento finale intervengono anche elementi puramente spirituali, perché «il mio regno non è di questo mondo»; ma sarà pur sempre un regno reale, non una costruzione astratta e sovrasensibile; questo mondo perirà soltanto come «figura», non perirà la sua «natura», e la carne risorgerà. L'interpretazione figurale pone dunque una cosa per l'altra in quanto l'una rappresenta e significa l'altra, e in questo senso essa fa parte delle forme allegoriche nell'accezione più larga. Ma essa è nettamente distinta dalla maggior parte delle altre forme allegoriche quanto di quella significata. Nella loro grande maggioranza le allegorie che si trovano nella letteratura o nelle arti plastiche rappresentano per esempio una virtù

---

36 Si veda *supra*, pp. 27-28.

(come la sapienza) o una passione (invidia) o un'istituzione (diritto), o in ogni caso la sintesi più generale di un fenomeno storico (la pace, la patria): mai la piena storicità di un fatto determinato.

Oltre alla forma allegorica testé considerata ci sono altri modi di rappresentare una cosa per mezzo di un'altra, che potrebbero essere paragonati alla profezia figurale: le cosiddette forme simboliche o mitiche che sono spesso considerate tipiche delle civiltà primitive e che comunque s'incontrano spesso in queste civiltà; su di esse sono venuti alla luce molti materiali, negli ultimi tempi, e il lavoro di cernita e di valutazione è ancora in fase così arretrata, che se ne deve parlare con cautela. L'aspetto caratteristico di queste forme, che furono riconosciute e descritte per la prima volta dal Vico, è che l'oggetto significato deve essere sempre qualche cosa di estremamente importante e sacro per gli interessati, determinante per la loro vita e il loro pensiero, e che esso non è soltanto espresso e per così dire imitato nel segno, nel simbolo, ma è ritenuto presente e contenuto in esso, così che il simbolo stesso può rappresentare l'oggetto agendo e soffrendo; un'influenza esercitata su di esso è considerata come un'influenza sull'oggetto simboleggiato e in questa sua qualità gli sono attribuiti poteri magici. Queste forme simboliche o mitiche esistevano ancora nei paesi mediterranei della tarda antichità, ma per lo più avevano perduto la loro forza magica e si erano attenuate in allegorie; proprio come i resti che ne sopravvivono nelle nostre civiltà moderne, per esempio nei simboli giuridici, nell'araldica e nei segni della sovranità; è vero, d'altronde, che nella tarda antichità come anche oggi nuovi contenuti universalmente validi si creano sempre nuovi simboli con forza magico-realistica. Le forme simboliche o mitiche hanno molti punti di contatto con l'interpretazione figurale; al pari di questa esse pretendono di interpretare e ordinare la vita nel suo complesso, e sono pensabili soltanto nell'ambito di sfere religiose o affini; ma appaiono subito evidenti anche le differenze. Nel simbolo è necessariamente implicata una forza magica, nella «figura» no; questa a sua volta deve essere sempre storica, il simbolo no. Ovviamente anche il cristianesimo ha simboli magici; ma la «figura» come tale non appartiene ad essi. In realtà le due forme sono quanto mai diverse in quanto la profezia reale si riporta all'interpretazione storica, ed è essenzialmente interpretazione di un testo, mentre il simbolo è un'interpretazione immediata della vita e, all'origine, soprattutto della natura. In questa contrapposizione l'interpretazione figurale è quindi un prodotto di civiltà tarde, molto più mediato, complicato e carico di storia che il simbolo o il mito; anzi da questo punto di vista essa contiene qualche cosa di antichissimo, giacché occorreva che un'alta civiltà arrivasse alla sua fase culminante e che già sotto certi aspetti fosse superata per poter produrre un fenomeno come l'interpretazione figurale.

Così delimitata, rispetto all'allegoria da un lato e rispetto alle forme mitico-simboliche dall'altro, la profezia figurale si presenta sotto un duplice aspetto: nuova e giovanile in quanto interpretazione - sicura nelle sue finalità, creatrice e concreta - della storia universale; antichissima in quanto tarda esegesi di un testo venerando, cresciuto nei secoli e carico di storia. L'aspetto vivace e giovanile le dette la forza di convinzione quasi inaudita con cui essa conquistò non soltanto le tarde civiltà del Mediterraneo, ma anche i popoli relativamente giovani dell'occidente e del nord; quello primitivo trasmise a questi popoli e alla loro comprensione storica un elemento singolarmente recondito che ora noi cerchiamo di spiegarci più a fondo. La profezia figurale contiene l'interpretazione di un processo terreno per mezzo di un altro; il primo significa il secondo, e questo adempie il primo. Entrambi restano accadimenti interni alla storia; ma in questa concezione contengono entrambi qualche cosa di provvisorio e di incompiuto; essi rimandano l'uno all'altro, e tutti e due rimandano a un futuro che è ancora da venire e che sarà il processo vero e proprio, l'accadimento pieno e reale e definitivo. Ciò non vale soltanto per la prefigurazione dell'Antico Testamento, che annuncia l'Incarnazione e la proclamazione del Vangelo, ma anche per queste, che infatti non sono ancora l'adempimento finale e a loro volta sono la promessa della fine dei tempi e del vero regno di Dio. Così l'avvenimento, in tutta la sua realtà concreta, resta pur sempre una similitudine, occulta e bisognosa di interpretazione, sebbene la direzione generale dell'interpretazione sia data dalla fede. In questo modo ogni avvenimento terreno non consegue la portata praticamente definitiva che è propria tanto della concezione ingenua quanto di quella modernamente scientifica del fatto compiuto: esso resta aperto e dubbio, si riferisce a qualche cosa che è ancora celato, e la posizione dell'uomo vivente nei suoi riguardi è quella della prova, della speranza, della fede e dell'attesa. La provvisorietà degli avvenimenti nella concezione figurale è anche radicalmente diversa da quella implicita nella concezione moderna dell'evoluzione storica: mentre in questa la provvisorietà degli avvenimenti è oggetto di un'interpretazione progressiva e graduale sulla linea orizzontale, mai interrotta, degli avvenimenti successivi, in quella l'interpretazione è sempre oggetto d'indagine dall'alto, verticalmente, e i fatti non sono considerati nel loro nesso ininterrotto ma staccati l'uno dall'altro, visti isolatamente, in considerazione di un terzo fatto promesso e ancora avvenire. E mentre nella concezione moderna dello sviluppo il fatto è sempre autonomamente assicurato, ma l'interpretazione è decisamente incompleta, nell'interpretazione figurale il fatto resta sottoposto a un'interpretazione che nel complesso è già assicurata: essa si orienta secondo un modello del fatto che è riservato al futuro e che finora è stato soltanto promesso. Questa formulazione, che ricorda idee platonizzanti, del modello situato nel futuro e imitato nelle figure - si pensi all'espressione «imitatio veritatis», - ci porta ancora oltre.

Ogni modello futuro, benché ancora incompiuto come fatto, è infatti già completamente adempiuto in Dio, e lo è stato da sempre nella sua provvidenza. Le figure, in cui Dio lo ha celato, e l'Incarnazione, nelle quali egli ha rivelato il suo intendimento, sono quindi profezie di qualche cosa che esiste in ogni tempo e che soltanto agli uomini resta ancora celato finché verrà il giorno che essi vedranno spiritualmente e fisicamente, «revelata facie», il Redentore. Le figure dunque non sono soltanto provvisorie; in pari tempo esse sono anche la forma provvisoria di alcunché di eterno e sovratemporale; non si riferiscono soltanto al futuro pratico ma anche, da sempre, all'eternità e sovratemporalità; si riferiscono a qualche cosa che va interpretato, che si adempirà nel futuro pratico ma che è sempre già adempiuto nella provvidenza divina, nella quale non c'è differenza di tempi; questo eterno è già figurato in esse, ed esse sono dunque tanto realtà provvisoria e frammentaria quanto realtà sovratemporale dissimulata. Ciò appare soprattutto evidente nel sacramento del sacrificio, nella Cena, «pascha nostrum», che è «figura Christi». Questo sacramento, che è tanto figura come simbolo, e che era esistito storicamente da lungo tempo, fin dalla sua prima istituzione nell'Antico Testamento, mostra nella massima purezza l'aspetto concretamente presente, provvisorio e recondito come pure quello eterno e sovratemporale che è insito nelle figure.[37]

E al Raimondi, il quale, nel suo studio del saggio schellinghiano, a cui ci siamo sopra riferiti, scrive che «l'altra affermazione del Saggio "V'è dunque nel suo poema uno strano piano intermedio tra allegoria e raffigurazione simbolico - obiettiva" deve quindi essere considerata come una concordanza, se il nostro lavoro di chiarificazione è riuscito esatto, fra l'intento e l'opera, senza tuttavia che il primo membro "l'atto allegorico" trascorra arbitrariamente entro la forma poetica; salvo poi che allegoria non indichi, nell'arte moderna - l'arte dell'infinito - quell'allusione, fatalmente misteriosa, all'assoluto, che sfugge al segno preciso e determinato»,[38] non possiamo non dire, sulla base di quanto sin qui enuncia-

---

[37] E. Auerbach, *Figura*, in Id., *Studi su Dante*, a cura di D. Della Terza, trad. it. di M. L. De Pieri Bonino, Milano, Feltrinelli, 1966², p. 204 sgg.

[38] E. Raimondi, *op. cit.*, p. 179. Il Folena accenna con intelligenza al saggio schellinghiano, che definisce «come il germe, *Samenkorn*, degli studi danteschi in Germania o diremmo meglio della critica dantesca moderna. [...] Questi due princìpi, *Stilmischung* e interpretazione figurale, si saldano nel maggiore interprete moderno tedesco di Dante, l'Auerbach, con la fondamentale visione hegeliana di Dante come poeta del mondo terreno, giudicato *ab aeterno*»: G. Folena, *La filologia dantesca di Carlo Witte*, in *Dante e la cultura tedesca. Convegno di studi danteschi. Atti raccolti da L. Lazzarini*, Padova, Università degli Studi, 1967, pp. 125-126. Il saggio del Folena è ora ripubblicato, invariato, in un

to, che non pare proprio che il suo lavoro di chiarificazione sia riuscito esatto.

La irriducibilità delle due posizioni, che si sono sempre fronteggiate nella tradizione critica dantesca, è testimoniata dal carteggio Croce - Auerbach. Il 18 dicembre 1928 da Berlino l'Auerbach scrive al Croce: «[...] Le ho mandato pochi giorni fa il mio saggio dantesco [*Dante als Dichter der irdischen Welt*, Berlin, De Gruyter, 1929]; vedrà subito che le mie idee sono, come direbbe il Vico, spesso diverse e alle volte contrarie dalle Sue, ma vedrà pure quanto quel libro deve alla Sua opera e a quella del Vossler [...]».[39]

A distanza di qualche giorno l'Auerbach scrive ancora al Croce, questa volta in tedesco (l'unica del carteggio), per l'importanza attribuita al contenuto della lettera, e in attesa di una ambita recensione:[40]

---

volume postumo: G. FOLENA, *Filologia e umanità*, a cura di A. Daniele, Vicenza, Neri Pozza, 1993, pp. 25-52. Sebbene il Folena sia colui che più di tutti abbia colto i punti di forza del saggio dantesco di Schelling, non si può tuttavia non rilevare la intrinseca contraddittorietà di una sua affermazione, quando, da un lato, e molto giustamente, egli sostiene che nel saggio schellinghiano c'è «l'idea di una poesia nutrita di pensiero, nata in una altissima temperie intellettuale e culturale, [...] in cui si pone come fondamentale la relazione della poesia con la filosofia», e, dall'altro lato, che «in quelle vibranti pagine [...] ci disturba oggi talora la fusione di poesia e pensiero e religione e scienza in un mistico crogiuolo» (p. 36). Non di «mistico crogiuolo» si tratta, ma proprio della complessità del rapporto tra arte e filosofia, dell'intima compenetrazione, culmine veramente supremo, di verità, bene e bellezza, cioè di scienza, virtù e arte (si veda a tal riguardo L. PAREYSON, *Un problema schellinghiano: arte e filosofia*, in ID., *Conversazioni di estetica*, Milano, Mursia, 1966, pp. 169-179). Il saggio dantesco di Schelling non può esser compreso appieno se non lo si legge in stretta connessione con la *Filosofia dell'arte*, come sopra si è cercato di mostrare.

[39] *Il carteggio Croce-Auerbach*, a cura di O. Besomi, Bellinzona, Archivio Storico Ticinese, 1977, p. 17.

[40] *Ivi*, p. 22.

[Berlino] 25/12.28

[...] Un cordiale ringraziamento per la Sua cartolina (102). Il mio libro (103), il cui pensiero centrale Ella troverà a p. 108, al capoverso «Solo che gli uomini», è ad un tempo il frutto e l'opposizione totale di tutto quanto Ella ha scritto su poesia ed espressione. Là io cerco di mostrare che l'espressione poetica trovò in Europa la sua compiutezza nell'imitazione dei fenomeni quando essa nella Div. Comm. scelse un oggetto che non era più τρίτον τι ἀπὸ τῆς ἀμεθρίας, *bensì la verità stessa nella sua apparizione sensibile*, ossia la storia, definitivamente fissata nel giudizio di Dio, diventata forma (*Gestalt*). Ella sarà costretta a contraddirmi, ma io aspetto la Sua critica con gioiosa eccitazione: trovo più onorevole esser confutato da Lei che non venir lodato da altri. Contraccambio nel modo più cordiale i Suoi amichevoli auguri per il nuovo anno.

Con i saluti più rispettosi

Suo — Erich Auerbach

(La traduzione è di G. F. Frigo). La numerazione delle note, come per la lettera suc-

[Berlin] 25/12.28

Illustre Senatore, Mi permetta di scrivere oggi in tedesco. Vielen herzlichen Dank für Ihre Karte.[102] Mein Buch,[103] dessen zentralen Gedanken Sie auf S. 108, in dem Absatz «Allein die Menschen» finden, ist zugleich eine Frucht und ein vollkommener Gegensatz alles dessen, was Sie über Dichtung und Ausdruck geschrieben haben. Ich versuche darin zu zeigen, dass der poetische Ausdruck in der Nachahmung der Erscheinungen in Europa seine Erfüllung fand, als er in der Div.Comm.einen Gegenstand ergriff, der nicht mehr τρίτον τι ἀπὸ τῆς ἀμεθρίας, *sondern die Wahrheit selbst in ihrer sinnlichen Erscheinung* oder die im Urteil Gottes endgültig fixierte, Gestalt gewordene Geschichte war. Sie werden mir widersprechen müssen, aber ich erwarte Ihre Kritik mit freudiger Spannung; ich finde es ehrenvoller, von Ihnen widerlegt als von anderen gelobt zu werden. – Ihre freundlichen Wünsche zum neuen Jahre erwidere ich auf Herzlichste.

Mit verehrungsvollen Grüssen

Ihr Erich Auerbach

E l'intervento del Croce non si fa certo attendere. Nel fascicolo de «La Critica» del 20 maggio 1929 si abbatte sul libro dell'Auerbach una secca stroncatura, pur con il riconoscimento di alcuni meriti del suo lavoro. Il dissenso del Croce è radicale, perché tocca una questione fondamentale di metodo, che investe direttamente la sua stessa definizione concettuale dell'arte come intuizione lirica. Infatti, all'affermazione dell'Auerbach che «per Dante la bellezza non si distingue dalla verità, e noi non abbiamo alcun motivo di sentirci superiori a tale concezione, che è molto più sicura e unitariamente concreta della teoria moderna di filosofia dell'arte, e

---

cessiva, è quella del Curatore del carteggio [102. Non rinvenuta tra le carte Auerbach; 103. *Dante als Dichter der irdischen Welt*, cit.].

Il capoverso che contiene il «pensiero centrale», di ispirazione hegeliana, a cui l'Auerbach si riferisce nella lettera, è il seguente:

«Ma gli uomini che compaiono nella *Divina Commedia* sono già sottratti al tempo terreno e al loro destino storico. Dante scelse per la sua rappresentazione una scena particolarissima, che offriva a lui, e a lui primo, come abbiamo detto, nuovissime possibilità di espressione. Appoggiandosi alle più alte autorità della ragione e della fede, il suo genio poetico ardì un'impresa che nessuno prima di lui aveva osato: rappresentare tutto il mondo terreno-storico, di cui era giunto a conoscenza, già sottoposto al giudizio finale di Dio e quindi già collocato nel luogo che gli compete nell'ordine divino, già giudicato, e non in modo tale che nelle singole figure, nella loro sorte escatologica finale, il carattere terreno fosse soppresso o anche soltanto indebolito, ma in modo da mantenere il grado più intenso del loro essere individuale terreno-storico, e da identificarlo con la sorte eterna». (E. Auerbach, *Dante, poeta del mondo terreno*, in Id., *Studi su Dante*, cit., p. 78).

sarebbe molto deplorevole che una unità così perfetta mercé ragione e contemplazione non avesse alcuna validità»,[41] il Croce risponde controbattendo che se è certo che, noi individui, non abbiamo motivo di presumerci superiori a Dante, «altrettanto certo è che cinque secoli di intensa speculazione filosofica ed estetica hanno qualche ragione di credere di aver visto nei problemi dell'arte più a fondo che non avessero fatto il medioevo e Dante. D'altronde, la questione della natura della poesia e la critica delle diverse concezioni estetiche e la eventuale polemica contro l'estetica dell'espressione son cose che non si possono spacciare di passata nel trattare del poema di Dante, e richiedono di essere dibattute e risolute in sede propria, dove si vedono poi le difficoltà che, di passata, non si vedono. Si può asserire, come fa più volte l'Auerbach, che in Dante teologia e poesia fanno tutt'uno; ma come dimostrarlo in teoria? Come dimostrare che l'acqua della poesia e l'olio della teologia si combinano in un terzo liquido, che non è né l'uno né l'altro ed è l'uno e l'altro? Chi medita sulle forme dello spirito umano è condotto di necessità a riconoscere che l'un atteggiamento nasce, mercé contrasti e opposizioni, dall'altro ed ha la sua forza nell'altro e insieme nella negazione dell'altro. Questa dialettica bisogna affrontare e magari confutare: altrimenti, si rimane nell'opinare. Dante non la pensava così? E che cosa importa? Dante teorico non era Dante poeta, la sua poesia, come suole, era più grande della sua teoria (nei mediocri o cattivi poeti, di solito, la teoria è, invece, più grande della poesia!). L'Auerbach non si è reso pieno conto che la distinzione fra teoria e poesia, «intenzioni» ed effettualità poetica, ormai universalmente accolta in Italia e la cui tradizione dal De Sanctis risale al Vico, è qualcosa che preserva la critica italiana della poesia e dell'arte da quello psicologismo e storicismo in cui la critica tedesca cade assai spesso e di cui anche oggi offre esempii cospicui. Quanto a me, mi sono sforzato più volte di leg-

---

[41] E. AUERBACH, *Dante als Dichter der irdischen Welt*, cit., p. 95.

Il problema del rapporto tra arte e filosofia è al centro del bellissimo dialogo schellinghiano *Bruno o del principio divino e naturale delle cose* del 1802, nel quale dimostrata «la suprema unità di verità e bellezza», viene implicitamente dimostrata quella di poesia e filosofia, giacché la filosofia «non mira se non all'eterna verità che è tutt'uno con la bellezza», e la poesia «non mira se non all'increata e immortale bellezza che è tutt'uno con la verità». Certo, vi sono differenze profonde tra filosofia e poesia, le quali risalgono tutte a questa distinzione fondamentale, che la conoscenza del poeta è quella «che mostra le idee non in sé stesse, ma soltanto nelle cose», mentre la conoscenza del filosofo è quella «che mostra gli archetipi delle cose in sé e per sé»: L. PAREYSON, *L'estetica di Schelling*, cit., p. 29 sgg.

gere la *Divina Commedia* tenendo presente Dante come me lo consegnava la storia del medioevo e quella particolare d'Italia e di Firenze, e come la mia qualsiasi erudizione me lo faceva ricostruire e rivivere; e, ogni volta, leggendo le sue terzine, quella figura dileguava e sorgeva l'altra, pura e semplice, del poeta. Pensate a tutto l'impianto teologico del *Purgatorio*; ma, leggendo poi: «l'alba vinceva l'òra mattutina, Che fuggia innanzi, sì che di lontano Conobbi il tremolar de la marina», che cosa provate altro che una eterna impressione poetica?»[42]

Alla recensione del Croce l'Auerbach così risponde:[43]

[Berlin] 27.5.29

Egregio Senatore - Grazie dell'amabilissima recensione! Aspettavo la Sua opposizione, ma non la cortesia colla quale Ella l'esprime.[120] Ne parleremo, spero, a Napoli; ora m'importa di rilevare che io non dico mai (e non lo dirò mai) - che il metro delle terzine nasca dal concetto della Trinità divina - ma che in questo metro si specchi il sacro numero «tre» (p. 207).[121] Mi troverà, forse, troppo sottile; ma mi pare che ci sia una differenza.

Con saluti rispettosi.

Suo E. Auerbach

Dal carteggio, ma soprattutto dalla recensione, il contrasto tra le due posizioni appare insanabile, perché tocca al fondo, come ab-

---

[42] B. Croce, rec. a E. Auerbach, *Dante als Dichter der irdischen Welt*, Berlin-Leipzig, De Gruyter, 1929, «La Critica», 1929, 3, pp. 214-215.

[43] *Il carteggio Croce-Auerbach*, cit., p. 24. 120. Croce rec. a Auerbach, *Dante als Dichter der irdischen Welt*, Berlin-Leipzig, 1929, «La Critica», 27 (1929), 213-215; rist. in *Conversazioni critiche*, Bari, 1932, 194-197 (Borsari, *L'opera di B. Croce*, no. 2160). Le riserve del Croce riguardano soprattutto il problema della separazione fra teoria e poesia: «L'Auerbach non si è reso pieno conto che la distinzione fra teoria e poesia, «intenzioni» ed effettualità poetica, ormai universalmente accolta in Italia e la cui tradizione dal De Sanctis risale al Vico, è qualcosa che preserva la critica italiana della poesia e dell'arte da quello psicologismo e storicismo in cui la critica tedesca cade assai spesso e di cui anche oggi offre esempii cospicui» (p. 214). Per questa ragione Croce critica l'Auerbach perché rimprovera Vico d'aver considerato Dante come poeta, mettendo da parte il teologo e lo scolastico (p. 215). 121. L'osservazione dell'Auerbach va al rilievo seguente del Croce: «Ma io non voglio portare in lungo questo discorso, giacché, poste queste premesse, i lettori intenderanno apertamente per quale ragione non mi piace neppure che lo stile di Dante sia fatto dipendere, o dipendere in certa misura, dalle sue teorie retoriche, o che il metro delle terzine sia fatto nascere non dall'animo dantesco musicale a quel modo, ma dal concetto della Trinità divina. Anche altri rimatori credevano fermamente alla Trinità divina, e la verseggiarono in canzonette anacreontiche» (rec. citata alla nota precedente, p. 215). [*Note del Curatore del carteggio*]

biamo già accennato, una questione di carattere teoretico, il fondamento stesso della filosofia idealistica del Croce con la distinzione dell'arte dalle altre tre «forme» dello spirito.

È un importante problema, che ha a lungo impegnato il campo dell'estetica, dividendolo in due opposte schiere, quello della duplice esigenza di riconoscere la *presenza dell'arte in tutte le attività* umane e di *specificare l'arte vera e propria come attività distinta* dalle altre.

Come in tutta l'operosità umana è presente l'arte, nel senso che nessuna attività raggiunge il proprio fine se non è esercitata *con arte*, così non si dovrà riconoscere che anche le altre attività sono presenti nell'arte, in modo che questa non può raggiungere il proprio fine senza il loro intervento e il loro sostegno? Ecco il problema dei rapporti dell'arte con le altre attività, ch'è uno dei più importanti dell'estetica, e anche dei più complessi, data la varietà dei legami che più o meno strettamente e inestricabilmente s'istituiscono fra le attività dell'uomo. Chi, come il Croce, accentua la distinzione dell'arte, e quindi nega la presenza dell'arte nelle altre attività, finisce per negare anche l'intervento delle altre attività nell'arte. Se ad esempio pare che nella formazione dell'opera d'arte intervenga il pensiero giudicante, a spiegare le scelte e le correzioni dell'artista, il Croce precisa che questo pensiero o è la stessa fantasia creatrice nel suo concreto esercizio, e quindi non è pensiero, o, se è pensiero, si esercita solo nelle «pause» della formazione, e quindi è estraneo all'attività artistica. Inoltre il Croce ammette sì che alla base dell'attività artistica c'è la moralità, condizione necessaria della realizzazione d'ogni valore; ma afferma che in tal caso la legge etica si risolve nella legge estetica, non prescrivendo se non che l'artista per esser tale deve far arte e non altro. Queste lucidissime precisazioni, che sono entrate nel patrimonio della cultura italiana corrente, hanno il torto di dimenticare che l'artista è il primo critico di sé stesso, e che perciò esercita, *dentro* la figurazione, il pensiero giudicante, il quale, per esser subordinato ai fini dell'arte, non perciò cessa d'esser pensiero e di portare il *proprio* insostituibile contributo al successo della figurazione artistica; e che nel concreto esercizio dell'arte si tratta piuttosto di leggi poetiche che diventano leggi etiche, caricandosi d'un significato morale, come accade di tutto ciò ch'è tecnicamente richiesto da un compito a cui ci s'impegna con libera decisione.

Con quella teoria di netta distinzione il Croce voleva, giustamente, evitare gli opposti scogli delle due soluzioni estreme che nella storia del pensiero sono state date al problema dei rapporti fra l'arte e le altre attività: da un lato l'*estetismo* e dall'altro la concezione *moralistica e didascalica* dell'arte. Per un verso si sono avvicinate le altre attività all'arte al punto da far dipendere ogni altro valore da quello artistico: a tal punto si richiese arte in ogni cosa da subordinare tutto all'arte, nel senso che si pretese di esercitare e realizzare ogni attività *come* arte: non tanto l'*arte* di vivere, quanto la vita *come arte*; non l'arte di pensare, ma il pensiero come arte. Per l'altro verso si è talmente accentuata la connessione dell'arte con le altre attività al punto da far dipendere il valore artistico dagli altri: si assegnò all'arte il fine d'insegnare il vero e di esortare al bene e non la si pregiò se non nella misura in cui essa realizzava questo fine: si concepì l'arte come il «soave licor» che rende piacevole l'accesso al vero e al bene, e riesce a *docere delectando*. La prima concezione ricorre ogni qualvolta si sostituisce il gusto al dovere morale e il bel gesto alla buona azione, e da un pensatore si chiede non tanto la verità quanto l'originalità e la novità, e nella storia del pensiero si vede una successione di forme piuttosto che una ricerca del vero. La seconda concezione, quella della strumentalità dell'arte rispetto agli altri valori, è antichissima, e in varie guise percorre tutta la storia del pensiero, e ricorre spesso nell'estetica, sino alle odierne poetiche che impongono all'arte compiti propagandistici in campo politico.[44]

Ora queste due concezioni costituiscono una confusione, e quindi una corruzione, dei valori. L'estetismo corrompe certamente l'azione e il pensiero, perché attribuisce alla condotta della vita e alla ricerca del vero leggi e fini che non sono quelli propri di tali attività; ma finisce anche per corrompere l'arte, giacché chi, con l'idea di farne solo un'opera d'arte, sottrae la propria vita alla legge morale che sola è in grado di guidarla, e i propri ragionamenti all'esigenza del vero che sola è in grado di orientarli, diventa presto ignaro d'altri criteri che il mero interesse e il puro capriccio, col che il valore artistico cede il posto a vedute puramente economiche. La concezione moralistica e didascalica è una simulazione dell'arte, perché la riduce a mero strumento di altri fini e a pura «veste» letteraria; ma è anche una simulazione del bene e del vero, sia perché invita l'artista a venire meno al suo dovere verso l'arte e a creare un disordine di valori, sia perché ritiene il vero e il bene bisognosi dell'allettamento dell'arte per renderli tollerabili all'uomo.

Seguiamo ancora la scansione dell'affilato ragionamento pareysoniano che ci porta al punto luce in cui un'opera alta e complessa

[44] L. PAREYSON, *Autonomia e funzioni dell'arte*, in ID., *I problemi dell'estetica*, Milano, Marzorati, 1966², pp. 35-37. La prima edizione è del 1961, ma l'opera fu scritta nel 1958.

come la *Commedia* di Dante si presenta nella sua sanguigna compenetrazione di valori e non come la pallida e rarefatta «corolla di liriche» della definizione crociana:

Eppure quelle due concezioni [la estetistica e la moralistica e didascalica] muovevano, in fondo, dalla giusta esigenza di riconoscere possibilità reali, quali sono per un verso l'*esito artistico di operazioni non artistiche* e per l'altro la *funzione non artistica dell'arte*. Ci sono ad esempio civiltà così improntate al senso del bello, che in esse la realizzazione d'un qualsiasi valore assume un carattere artistico, al punto che scienza e filosofia, politica e religione, tecniche e mestieri non possono esercitarsi se non dando luogo a discorsi e trattati, cerimonie e riti, utensili e strumenti che sono vere e proprie opere d'arte. Ecco allora il caso di attività intese a fini non artistici e che non possono raggiungere questi scopi senza realizzare un valore d'arte, al punto che non è possibile valutarle nella loro specifica finalità senza tener conto di questa loro intima necessità d'avere un esito artistico: ad esempio, nell'umanesimo scienza e politica non sono apprezzabili come tali se non si ha riguardo al carattere artistico della loro realizzazione, cioè alla consapevole intenzione di realizzarle come arte. D'altro lato ci sono civiltà in cui la totalità della vita spirituale è talmente unitaria e indivisa, e arte filosofia religione politica morale sono così strettamente connesse, che ogni opera è la realizzazione d'un valore filosofico politico religioso artistico insieme, come la Bibbia, o i poemi omerici e le tragedie greche, o la *Divina Commedia*. Ecco il caso di opere complesse, in cui i valori si compenetrano al punto che nessuno di essi è apprezzabile senza gli altri, e in cui l'arte acquista sensi che trascendono il loro valore artistico e riveste funzioni ulteriori, e che non possono esser comprese nella loro natura d'arte senza questa loro significazione e funzionalità non artistica: farle oggetto d'una considerazione puramente artistica significa non intenderle nemmeno come arte, e indagarne il significato politico filosofico religioso senza tener conto del loro valore d'arte vuol dire lasciarsi sfuggire anche questa loro portata non artistica. Così in certi climi culturali l'arte assume funzione, ad esempio, di filosofia, e la filosofia non si manifesta nella sua espressione specifica, ma non trova realizzazione che nell'arte, e lì ha da esser cercata: così i romanzi di Dostojevskij sono schietta filosofia e i dipinti di Bosch genuina teologia nella loro stessa natura d'arte, e la vera filosofia spagnola ha da esser cercata non nelle stanche trattazioni tradizionali, ma nella poesia mistica e nel dramma e nel romanzo: in questi casi l'arte stessa è un modo di far filosofia, e non è compresa come arte se non è considerata in questa sua funzione non artistica. [...]

Questi casi sarebbero fraintesi e travisati con le categorie dell'estetismo, del moralismo o del didascalismo, giacché qui i valori non sono confusi: ciascuno di essi è perseguito nel suo campo, anche se non riesce a realizzarsi se non insieme con gli altri o attraverso ad essi, e valori artistici e valori non artistici sono così strettamente connessi ch'è impossibile la valutazione specifica e la comprensione degli uni senza l'apprezzamento proprio e la penetrazione degli altri. Non estetismo, o subordinazione degli altri valori a quello artistico, ma esito artistico di attività non artistiche; non didascalismo o moralismo, o subordinazione del valore artistico agli altri, ma simultaneità dell'arte con altri valori, aderenza dell'arte ad altri fini, funzione non artistica dell'arte.[45]

Contro le antiche concezioni didascaliche o moralistiche o edonistiche dell'arte, che subordinavano il valore artistico alla verità o al bene o all'utile, il pensiero moderno, geloso del valore dell'arte così energicamente rivendicato dal romanticismo, e così ostinatamente riaffermato dalle poetiche della poesia pura e dell'arte per l'arte, ha elaborato il concetto dell'autonomia dell'arte, secondo il quale il valore artistico scompare non appena l'artista si lascia guidare da intenti speculativi o morali o utilitari, a meno che il genio del poeta vinca suo malgrado le sue intenzioni: l'arte richiede d'esser praticata per sé stessa, bastando a giustificarla il valore della forma, e rifiuta ogni contaminazione che ne subordini l'esercizio a fini non artistici.

Senonché spesso questa autonomia è stata intesa come una vera e propria indipendenza dell'arte dalle altre attività umane, e persino come un isolamento da quelle.

Ora, questa concezione dell'indipendenza dell'arte porta a una nuova negazione del valore artistico, anche più drastica e definitiva della concezione della sua eteronomia. Se da un lato l'arte è negata quando diventi propaganda o predica o lenocinio, dall'altra non meno negata è l'arte

---

[45] *Ivi*, pp. 38-39.

Penetranti le pagine di Umberto Eco su una delle preoccupazioni centrali dell'*Estetica* pareysoniana «nella sua polemica contro l'idealismo crociano e i suoi risultati più deleteri presso la critica militante: una rivendicazione del carattere di totalità della forma artistica, e quindi il rifiuto a selezionare nell'opera sporadici momenti di poesia, come fiori cresciuti tra la sterpaglia, sia pure funzionalissima, della semplice *struttura*»: U. Eco, *Le sporcizie della forma*, «Rivista di estetica», XXXII (1993), 40-41, p. 17 sgg.

Occorre però precisare, a tal riguardo, che più che sulla "struttura" la discussione tra il Croce e l'Auerbach sulla *Commedia* dantesca verte piuttosto sull'"autonomia" dell'arte dalle altre forme di attività. Di qui la proposta risolutiva del Pareyson (dalla "struttura" alla "funzione", potremmo dire), che noi facciamo nostra, e che, nel prospettare il rapporto autonomia-eteronomia dell'arte in termini di "funzionalità", si presenta felice nel dirimere quella secolare controversia e a giustificare, dal punto di vista teorico, l'alta complessità del poema di Dante, non a caso punto di riferimento costante nei passi del discorso pareysoniano che noi sopra riportiamo.

quando, priva di sensi o riferimenti o scopi etici teoretici spirituali si riduca a un puro gioco tecnico o sia vista in un valore artistico esclusivo e assoluto. [...]

Se invece l'autonomia dell'arte è intesa come la stessa *specificazione dell'arte*, cioè l'atto con cui essa si afferma come attività diversa dalle altre, dandosi la propria legge e rifiutando di subordinarsi a scopi diversi, si soddisfano le opposte esigenze, cioè s'intende come l'arte si affermi nella propria *sufficienza* senza perciò rivendicare un'impossibile *indipendenza* o cadere in un assurdo isolamento, e come essa possa svolgere la più varia e molteplice *funzionalità* senza perciò abbassarsi alla subordinazione o negarsi nell'*eteronomia*. Infatti è in virtù di quell'atto che l'arte proprio mentre si garantisce nel proprio valore accoglie in sé la totalità dei valori spirituali, sì che questa pienezza di significati e di funzioni s'irradi dalla sua stessa realtà d'arte. L'arte si specifica, insomma, con un atto che la inserisce nel cuore stesso della realtà, a un livello in cui la stessa distinzione delle attività spirituali cessa di prevalere per cedere il posto a una complicità originaria e fontale, in cui i valori più diversi si alleano e si potenziano a vicenda.[46]

Per un verso, la stessa *sufficienza* dell'arte implica una sua funzionalità:

Nell'arte, proprio attraverso l'atto che la specifica, si riversa la vita intera, con tutti i suoi valori e tutte le sue attività, ciascuno dei quali mantiene intatta la propria natura, vivissime le proprie pretese, desti i propri significati. Se l'opera d'arte *non accetta di valere se non* come forma, ciò non significa ch'essa *si riduca ad essere* solo forma: essa è al tempo stesso una *forma* e un *mondo*: una forma che non esige di valere che come pura forma, e un mondo spirituale ch'è un modo personale di vedere l'universo. [...]

Nel far arte, l'artista non solo non rinuncia alla propria concezione del mondo, alle proprie convinzioni morali, ai propri intenti utilitari, ma anzi li introduce, implicitamente o esplicitamente, nella propria opera, nella quale essi vengono assunti senza esser negati, e se l'opera è riuscita, la loro stessa presenza si converte in contributo attivo e intenzionale al suo valore artistico, e la stessa valutazione dell'opera esige che se ne tenga conto. Anzi, l'arte non riesce ad esser tale senza la confluenza degli altri valori in essa, senza il loro contributo e il loro sostegno, sì che da essa s'emani una molteplicità di significati spirituali e s'annunzi una varietà di funzioni umane. La realizzazione del valore artistico non è possibile se non attraverso un atto umano, che vi condensa quella pienezza di

[46] *Ivi*, pp. 43-45.

significati con cui l'opera agisce nel mondo e suscita risonanze nei più diversi campi e nelle più varie attività, e per cui l'interesse destato dall'arte non è soltanto una questione di gusto, ma un appagamento completo delle più diverse esigenze umane. Poiché i diversi valori hanno contribuito alla realizzazione del valore artistico senza dissolvervisi o annullarvisi, anzi alimentandolo e rinvigorendolo, fa parte della stessa qualità artistica dell'opera questa sua diversa funzionalità umana, per cui la fruizione dell'opera non solo non è disturbata da apprezzamenti di altra natura o dalla stessa utilizzazione, ma li include e vi prende corpo.

Così sarebbe assurdo dire che la *Divina Commedia* è riuscita ad esser poesia *malgrado* l'intento esplicito di Dante di esercitare attraverso ad essa una missione morale: sarebbe assai meno assurdo dire ch'essa è poesia proprio *per* esso, perché questo intento morale non è scopo estrinseco ma fine immanente dell'opera, in quanto, essendo stato spunto sostegno empito di poesia, così ne è il significato, la funzione, l'esito. E il *Paradiso* è poesia non *malgrado* la filosofia o la teologia, ma proprio nella misura in cui la filosofia e la teologia, *permanendo tali nella loro specifica natura*, sono stimolo e occasione d'arte o si fanno esse stesse poesia. E la possibilità d'interpretare come filosofia i romanzi di Dostojevskij non ne infirma per nulla il valore artistico, perché piuttosto ne dipende.[47]

Per un altro verso, la funzionalità si irradia dalla sua stessa *sufficienza*:

L'arte può aver fini e assumere funzioni non artistiche solo attraverso la sua inviolata realtà artistica. Nell'arte la forma non è forma se non è insieme un mondo, e un mondo non è tale senza essere insieme forma: il che significa che come l'atto con cui l'arte si specifica fa convergere in essa l'intera vita donde sgorga, l'intero mondo spirituale dell'artista, con tutti i valori ch'esso contiene e variamente ordina e persegue, e quindi con tutte le risonanze che l'arte in tal modo finisce per destare e le funzioni ch'essa viene ad esercitare, così la vita, il pensiero, le convinzioni e i valori non artistici penetrati nell'opera vi son presenti solo come termini d'arte (ma non perciò alterati nella loro specifica natura), e le funzioni non artistiche esercitate dall'opera emanano dalla sua stessa e sola realtà d'arte. Un anticrocianesimo troppo facile è quello di chi, insofferente della crociana affermazione dell'autonomia dell'arte, si limita a capovolgerla, mostrandosi disposto a sacrificare il valore artistico ad altri valori, specialmente politici e sociali. Bisogna rendersi conto che il concetto di autonomia dell'arte, se rettamente inteso, è compatibilissimo con l'ideale

---

47 *Ivi*, pp. 45-46.

e il programma d'un'arte nutrita di umanità e capace di assolvere altre funzioni; giacché la specificazione dell'arte ne garantisce *insieme* la funzionalità e la sufficienza, nel senso che se la vita penetra nell'arte, vi penetra, appunto, nella forma dell'arte; e se l'arte ha da esercitare funzioni non artistiche, vi deve riuscire appunto in quanto arte; e se l'interesse destato dall'arte non è solo una questione di gusto, ma soprattutto questione di umanità, l'interesse totale destato dall'arte è appunto incluso nella stessa approvazione data al valore artistico, che acquista così il senso d'un appagamento spirituale completo.[48]

Il rapporto arte-filosofia, bellezza-verità, che, come abbiamo visto, costituisce il punto di maggior dissenso tra il Croce e l'Auerbach, e che era al centro della filosofia romantica nella costruzione dell'ordine dialettico e della gerarchia fra arte, religione e filosofia, è chiarito dal Pareyson attraverso una sorta di basculaggio teoretico che ne ricompone la deformazione con il richiamo al principio, essenziale soprattutto per capire Dante, che la poesia non deve, più che la verità, esprimere soltanto il sentimento della verità.

C'è molta diffidenza per la filosofia nell'arte. Si teme che l'autonomia dell'arte ne venga compromessa e l'arte sparisca. Si pensa che il freddo rigore speculativo della filosofia sia in contrasto con la commossa vibrazione della poesia. Ciò significa ignorare i caratteri del pensiero filosofico. Ci sono nella filosofia aspetti che, convenientemente accentuati, fanno d'una meditazione filosofica schietta e genuina poesia, al punto ch'è impossibile apprezzarne il valore speculativo prescindendo da questa sua realtà d'arte. La ricerca e la discussione della verità, il pensiero come esperienza personale, la vivacità della fantasia che deve stare alla base del pensiero filosofico: ecco tanti aspetti della filosofia che, se portati a una certa evidenza, possono conferirle un esito artistico, e giungere ad affidare la verità più all'espressione insostituibile della poesia che all'enunciazione precisa del ragionamento. Ecco il movimento della ricerca farsi realtà drammatica nei dialoghi di Platone e ansia di verità negli appunti di Pascal; ecco l'esperienza personale farsi identità assoluta d'arte e filosofia in Kierkegaard e Nietzsche; ecco la stessa fantasia filosofica sbrigliarsi nelle esuberanze stilistiche di Giordano Bruno e «balenare nelle acutezze» del Vico. Inoltre v'è un'arte di filosofare, una formatività intrinseca alla stessa filosofia: esercitarla consapevolmente significa mirare all'essenzialità dell'espressione, alla funzionalità del ragionamento, alla

[48] *Ivi*, pp. 46-47.

coerenza del sistema; sì che lo stesso rigore speculativo diventa opera letteraria, e, in certi casi, persino realtà di poesia.

Disconoscendo queste grandi possibilità artistiche della filosofia, si insiste nel dire che la filosofia è compatibile con l'arte solo se diventa pura immagine e solo se si risolve in canto che esprime, più che la verità, il sentimento della verità. E si suol dire che come la filosofia distrugge la poesia, così le idee fanno fallire un romanzo: bisogna che l'idea si risolva in azione, e che questa si svolga senz'aver l'aria di significare qualcosa. Tutto ciò sarà conforme a un determinato gusto e a determinate poetiche, e sarà stato spesso realizzato nella storia della letteratura, ma non può pretendere di valere in modo assoluto. Se così fosse, Dante non avrebbe mai composto la *Divina Commedia* e Dostojevskij non avrebbe mai scritto i suoi romanzi. Non si deve limitare la presenza della filosofia nella poesia a ciò che s'è saputo incarnare in immagine: la filosofia, proprio nella sua formulazione più tecnica e precisa, nuda nella sua funzionalità ed essenzialità, può in determinate circostanze *contribuire* alla poesia, e persino *essere* essa stessa poesia. Inoltre non sempre l'immagine risolve completamente in sé il concetto: spesso intende proprio richiamarlo nella sua realtà speculativa, come nel simbolo: non intenderebbe nulla della pittura di Bosch chi si limitasse a considerare i suoi quadri come superfici colorate, o esigesse che il senso riposto risultasse da quello letterale, e non tenesse conto del suo fondamentale simbolismo. Infine, non per il fatto che certi romanzi a tesi sono falliti bisogna dire che la tesi uccide l'arte: in mano a un grande artista la tesi diventa arte, perché la sua stessa arte è una tesi. Le opere più grandi di tutti i tempi sono, in fondo, a tesi: ispirate da una spiritualità completa e complessa, nutrite di pensiero moralità esperienza ideali vogliono «insegnare» qualcosa, comunicare un messaggio di vita, contribuire al miglioramento dell'umanità.[49]

Che l'arte comunichi un messaggio di vita è la grande intuizione del genio sovrano di Goethe, quando istituisce una dialettica ascensiva delle tre forme d'arte: due forme inferiori, cioè la «semplice imitazione» e la «maniera», e una forma superiore, anzi suprema, in cui risiede il culmine stesso dell'arte, cioè lo «stile».

La figura artistica non è copia della realtà (la realtà riprodotta secondo la legge della realtà) – l'*imitazione* –, né l'espressione del sentimento (la realtà vista attraverso la reazione emotiva dell'artista) – la *maniera* –, ma una figura d'arte – lo *stile* – che rappresenta sensibilmente l'essenza profonda, nascosta, invisibile della realtà. Lo stile non mira né alle immagini sensibili esterne delle cose, che

---

[49] *Ivi*, pp. 47-48.

sono l'aspetto superficiale della realtà, né alle immagini soggettive e interiori di esse, che sono il loro effetto sull'anima, ma alla loro essenza oggettiva, alle leggi costanti della loro figura, al loro intrinseco valore vitale, per rendere tutto ciò in una immortale figura d'arte.

L'esperienza decisiva del viaggio in Italia porta Goethe alla formulazione della sua «prima estetica classica» – come è stata definita –,[50] con la concezione dell'arte come la capacità di saper cogliere le *Urformen*, le forme originarie dell'esistenza, le essenze della realtà, e di renderle visibili e tangibili in una figura sensibile.

In questa estetica classica il mondo dell'arte è costituito come un autonomo regno dell'essere, un mondo dell'apparenza, ma non del vano gioco; al contrario, un mondo il cui valore trascende lo spazio e il tempo. L'artista, trasformando la realtà della natura e della vita nella sua verità artistica mediante lo stile, crea figure che esistono solo nel mondo immaginario dell'arte, e il cui carattere artistico ci attesta sempre la loro irrealtà; ma queste figure fittizie, che non esistono nella realtà empirica e nella vita concreta, illuminano e danno un significato alla nostra vita e alla realtà in cui viviamo, ce ne rivelano l'essenza, ce ne chiariscono il valore.

---

[50] L. Pareyson, *La prima estetica classica di Goethe*, «Rivista di estetica», 1971, 1, pp. 5-67; ora in Id., *L'esperienza artistica*, Milano, Marzorati, 1974, pp. 107-173.

POSTILLA

Se la lettura, a nostro avviso, fondamentalmente errata del saggio dantesco di Schelling da parte del Raimondi trova un'attenuante nel fatto che nel 1947 gli studi sul pensiero classico tedesco, e in particolare su Schelling, non avevano raggiunto in Italia, con un radicale mutamento di prospettiva storiografica, gli sviluppi e gli approfondimenti degli ultimi decenni, proprio per merito soprattutto del Pareyson e della sua scuola (sono ormai dei classici della storiografia filosofica *Fichte* e *L'estetica dell'idealismo tedesco* del 1950), ancora un'attenuante non può essere concessa quando, molto di recente, lo stesso Raimondi, in un interessante profilo dell'ermeneutica letteraria, dopo aver accennato al concetto pareysoniano di interpretazione come «conoscenza di forme da parte di persone», così scrive:

> Si tratta della «filosofia dell'interpretazione» di Luigi Pareyson, il quale aggiunge poi che «la forma» incentiva l'interpretazione proprio perché è il «risultato di un processo di formazione», o «la conclusione di un movimento» da afferrare con un ulteriore e differente movimento se non, prestando orecchio all'equivoco deliberatamente musicale dell'immagine, in una «esecuzione». Ma la suggestione figurativa della «forma» è troppo immediata perché Pareyson se ne sciolga: ed eccolo, da ultimo, definire l'accesso all'invenzione «uno sforzo personale di penetrarla e rilevarla», se «ciò che è stato formato è accessibile solo a chi ne colga il disegno creativo».[1]

Analizziamo ora nei suoi elementi costitutivi la definizione pa-

---

[1] E. Raimondi, *Ermeneutica e commento. Teoria e pratica dell'interpretazione del testo letterario*, Firenze, Sansoni, 1990, p. 59. Il riferimento è a L. Pareyson, *Filosofia dell'interpretazione. Antologia degli scritti a cura di M. Ravera*, Torino, Rosenberg e Sellier, 1988, p. 93 e non p. 193, come erroneamente indicato dal Raimondi. Ed è grave che il Raimondi si riferisca alla teoria dell'interpretazione del Pareyson senza fare nemmeno un cenno alla sua formulazione compiuta di *Verità e interpretazione* del 1971.

reysoniana di interpretazione come «conoscenza di forme da parte di persone», lasciando parlare i testi:

A) Nella «teoria della formatività», il Pareyson dà questa definizione del concetto di «forma»:

> [La forma è] organismo, vivente di vita propria e dotato di una legalità interna: totalità irripetibile nella sua singolarità, indipendente nella sua autonomia, esemplare nel suo valore, conclusa e aperta insieme nella sua definitezza che racchiude un infinito, perfetta nell'armonia e unità della sua legge di coerenza, intera nell'adeguazione reciproca fra le parti e il tutto.[2]

La forma, in quanto riuscita di un processo di formazione, è stimolo di un processo di interpretazione: ciò che è formato è di per sé interpretabile, e la sua capacità di suscitare un processo interpretativo sta appunto nell'essere la conclusione di un processo formativo.

B) Anche la persona è una «forma», per il carattere personale, e quindi espressivo e formativo, dell'operare umano:

> L'operare umano è caratterizzato dal fatto ch'esso è sempre personale. In base a questo principio ogni attività della persona, sia che si esaurisca in un atto puntuale e non destinato ad altro sviluppo, sia che si disponga in un operare continuato i cui singoli atti tendono tutti a un fine preciso da realizzare, è sempre attività d'una persona, determinatissima nella sua definitezza, irripetibile nella sua singolarità, eppure infinitamente aperta sulle possibilità che essa stessa dischiude.
>
> Nella persona si possono rinvenire due aspetti: la totalità e lo sviluppo. Per un verso, infatti, la persona è, in ciascuno dei suoi istanti, una totalità infinita e definita, fissata in una forma singolarissima e inconfondibile, dotata d'una validità conclusa e riconoscibile; e per l'altro è variare continuo, aperto alla possibilità di contestazioni e rielaborazioni, di revisioni e arricchimenti, di riprese di vecchi motivi e di nuovi atti. Da un lato la persona è l'opera che io faccio di me stesso, conclusa e definita in ogni istante, e dall'altro è opera in sviluppo, aperta a richiedere ed esigere nuovi atti e nuovi svolgimenti.
>
> Se si esaminano più da vicino questi due aspetti della persona, si ve-

---

[2] L. PAREYSON, *Estetica: teoria della formatività*, Milano, Bompiani, 1988[4], p. 7. La prima edizione dell'opera è del 1954.

drà che la totalità conclusa della persona è la tipica definitezza della forma, e che l'attività sempre aperta a nuovi sviluppi della persona è attività destinata a por capo a forme. Infatti come totalità la persona è opera, e come sviluppo la persona è operare, attività che culmina in opere: e l'opera è una forma, cioè a dire una definitezza ch'è al tempo stesso totale e in sé conclusa, singolare e irripetibile, universalmente valida e onniriconoscibile, dotata di coerenza e legalità interna, vita a sé stessa e legge a sé stessa, autonoma e indipendente, esemplare e paradigmatica.

La persona è una forma. Infatti la persona, fissata in uno dei suoi istanti, fermata nel suo incessante processo di sviluppo, individuata in uno dei suoi atti che la raccoglie e la condensa, è il risultato concluso di tutto un operare: è un'opera conclusa e definita, col suo carattere singolare e inconfondibile: non una di molte, e cioè individuale, ma unica, né parte di un tutto, e cioè particolare, ma intera, e quindi singola, che appunto questo significa, unica e intera. In quanto tale la persona ha tutti i caratteri d'una forma, vivente in sé stessa, totale nella legge di coerenza che la tiene unita in una definitezza conclusa, dotata di un'esemplarità che la rende suscitatrice di atti esemplati sul suo valore e di opere ispirate al suo carattere.

L'operare della persona è plasmatore di forme. Infatti se la persona è una totalità infinita ma definita, ogni suo operare tende a sua volta a concludersi in opere a loro volta definite e concluse, che vivono di vita propria e per conto proprio possono svilupparsi e generare nuovi svolgimenti e suscitare nuovi sviluppi. V'è una trascendenza della persona rispetto alle proprie opere, le quali come valori storici vivono di per sé, singole e qualificate: ma ciascuna di queste opere trae la propria indipendenza singola ed esemplare proprio dal suo carattere di personalità, e cioè dal suo esser risultato d'un operare personale, d'un'attività messa in esercizio dalla persona in quanto forma. Proprio perché la persona è autoopera, e quindi forma, proprio per questo le opere che sono il risultato del suo operare sono a loro volta forme, concluse, singole, esemplari. [...]

Perciò, se la persona è forma, e se ogni operare umano è sempre personale, l'operare umano ha sempre un doppio carattere: per un verso tende a por capo a forme, e per l'altro esprime la totalità della persona. Infatti quello sforzo di formazione e quello slancio di plasmazione che definiscono l'operare umano sono sempre diretti da un soggetto che a sua volta vive come forma in sviluppo, sempre già concretato in una definitezza concludibile e determinata, e che nella direzione che imprime alle nuove plasmazioni include l'inconfondibile carattere della propria forma, tutta condensandovela e rifrangendovela. Ogni atto della persona tende a definirsi in una forma che sia dotata di quello stesso carattere di totalità vivente che qualifica la persona; e ogni atto e ogni stato della persona reca l'impronta inconfondibile della totalità della persona, tutta contenendola, ritraendola, esprimendola. Per un verso la persona è una forma che si rivela e si esprime intera in ciascuno dei suoi stati e dei suoi atti, e per l'altro ogni atto della persona è necessariamente plasmatore e figuratore, e tende a metter capo a forme. Ogni atto della persona è formativo ed espressivo al tempo stesso.[3]

C) In quanto personale, l'operare umano tende a concludersi in forme ed esprime la persona che opera. E come il carattere espressivo e formativo si trova in ogni operare umano, così si trova anche nella conoscenza. La conoscenza, considerata come espressiva della persona, e come diretta a forme, è precisamente *interpretazione*:

L'interpretazione, infatti, non è tale se non ha per oggetto una forma e per soggetto una persona, nel senso che sia il soggetto che l'oggetto dell'interpretazione devono essere esistenze singolarissime, in sé concluse, dotate di vita propria, indipendenti, irripetibili e inconfondibili. Se così non fosse, non ci sarebbe altra forma di conoscenza che una conoscenza in cui tutti devono immediatamente convenire e ch'è direttamente comunicabile. Infatti in questo caso il soggetto di conoscenza sarebbe impersonale, universale, trascendentale, e l'oggetto sarebbe fissato nella sua stessa oggettività data o costituita: la conoscenza non rifletterebbe l'inconfondibile carattere della persona che la consegue, e la sua captazione sarebbe immediata né implicherebbe quello sforzo d'intendere e comprendere, di cogliere e penetrare che caratterizza l'interpretazione; e inoltre si tratterebbe d'una conoscenza la cui comunicazione sarebbe diretta e immediata, ben lontana dalla tipica comunicazione dell'interpretazione, la quale è sempre indiretta, perché un'interpretazione si può comunicare soltanto in quanto la si rende a sua volta oggetto d'interpretazione. Invece, poiché l'uomo è persona e il suo operare è sempre diretto a forme, l'unica conoscenza di cui egli può disporre è precisamente l'interpretazione, intesa come forma di conoscenza ch'è necessariamente e costitutivamente non unica, ma molteplice e infinita, non immediata, ma tentativa e sempre approfondibile.

Non ha senso né l'unicità né la definitività dell'interpretazione: posta l'interpretabilità, viene con ciò stesso posta la possibilità di infinite interpretazioni e d'un infinito processo d'interpretazione: l'interpretazione è infinita nel suo numero e nel suo processo, è caratterizzata da un'infinità quantitativa e qualitativa. Carattere specifico dell'interpretazione è che essa mira alla comprensione solo attraverso un processo che rischia continuamente l'incomprensione: essa afferra il suo oggetto non percorrendo

---

[3] *Ivi*, pp. 183-185.

una via obbligata, ma seguendo un processo di approssimazione, animato da uno sforzo di captazione, disteso in una serie di tentativi, esposto all'insuccesso e al fallimento. La vera comprensione, che non sia risultato d'una conoscenza che definisce e costituisce il suo oggetto, ma d'un'interpretazione che cerca di coglierlo, afferrarlo e penetrarlo, è quella che si consegue al limite dell'incomprensione e dell'incomprensibilità. Il che deriva precisamente dal fatto che solo la forma può essere interpretata, anzi esige d'esserlo, e solo la persona può interpretare, anzi esige di farlo. L'oggetto dell'interpretazione ha necessariamente una vita propria, un carattere inconfondibile, una definitezza determinatissima: solo perché è irripetibile e singolare qualcosa è suscettibile di interpretazione; il soggetto dell'interpretazione è necessariamente una persona irripetibile e singolare: solo di un soggetto che sa fare della propria determinatissima prospettiva una condizione, anzi che un ostacolo, si dice che interpreta. Chi interpreta intende dare la sua personalissima interpretazione di una cosa nella sua individuatissima singolarità: non sussisterebbe né la possibilità né la necessità dell'interpretazione là ove non esistessero forme da conoscere né persone che intendono conoscere.

Condizione dell'interpretazione è quella sua infinità quantitativa e qualititativa che le deriva dai caratteri della forma e della persona come «oggetto» e «soggetto» della conoscenza. Infatti forma e persona sono definitezze irripetibili, ma proprio in quanto delimitate e definite in una determinatezza circoscritta e puntuale, che in base a una legge di coerenza tiene organicamente unite le parti in un vincolo indissolubile, esse sono inesauribili nei loro aspetti e nei possibili sviluppi di questi, ciascuno dei quali a sua volta non esaurisce la totalità della forma e della persona che pure è in essi interamente riflessa. È precisamente l'infinita inesauribilità della forma e della persona che fonda l'infinità quantitativa dell'interpretazione, ed è appunto il fatto che nessuno degli aspetti della persona e della forma è esauriente che fonda l'infinità qualitativa dell'interpretazione.

Nell'interpretazione è sempre una persona che vede e guarda: e guarda e vede dal particolarissimo punto di vista in cui attualmente si trova o si pone e col singolarissimo modo di vedere che s'è venuto via via formando o che intende di volta in volta adottare, sì che tutta intera la persona entra a costituirli dall'interno, a generarli, a infletterli e dirigerli e determinarli, tanto nel particolare modo di vedere quanto nel singolare punto di vista. D'altra parte nell'interpretazione è sempre una forma ch'è veduta e guardata: ed è veduta in una determinatissima prospettiva, che la mette in luce in un determinato modo, nel quale tuttavia essa è condensata e rivelata intera, ed è guardata in uno dei suoi infiniti aspetti, in ciascuno dei quali essa si mostra intera sì, ma secondo una determinatissima direzione, sì che tutta intera la forma si offre nel particolare aspetto e nella singolare prospettiva che si mostrano o s'impongono. Nella definitezza irripetibile della persona infiniti sono i punti di vista e i modi di vedere, e nella determinatezza inconfondibile della forma infiniti sono gli aspetti e le prospettive; ne risultano infinite interpretazioni possibili, e la conoscenza è necessariamente insignita di quel carattere di molteplicità inesauribile che costituisce l'interpretazione in quanto tale.

Inoltre né il punto di vista e il modo di vedere scelti o assunti, trovati o adottati dall'interpretante esauriscono la persona che interpreta, sebbene la contengano interamente in una forma determinata; né la prospettiva e l'aspetto imposti o offerti dallo spunto interpretato esauriscono la forma che si dà all'interpretazione, sebbene la esprimano interamente in un senso definito. Ed è per questo che il processo d'interpretazione è infinito, e sempre esige integrazione, correzione, approfondimento, ampliamento, per stabilire una congenialità sempre più captativa e rivelativa. L'interpretante non si contenta d'aver colto un aspetto della forma, o la forma in uno solo dei suoi aspetti, e cerca altri aspetti che gli confermino, o gli correggano, o gli sostituiscano l'interpretazione che ha creduto di poter dare, e per far questo si pone in un nuovo punto di vista, scegliendolo con cura industre e inventiva, ispirandosi al carattere che già ha visto nella forma, e adotta nuovi modi di vedere, che gli sembrano più adeguati a rivelare la forma qual essa «è», e non soltanto qual essa appare, e così possiede nuovi elementi, capta nuovi segreti, coglie nuovi aspetti, e integra, approfondisce, amplia e migliora la sua primitiva interpretazione. L'interpretante, mai contento dei suoi risultati, continuamente li riprende per raggiungere una maggiore adeguazione, li mette a prova, li confronta, li paragona, li unifica; vuol acuire lo sguardo, e quindi muta e alterna e combina i punti di vista, e tenta di vedere tutti gli aspetti, e ciascuno degli aspetti in una luce speciale e sempre nuova, e scruta ogni particolare alla luce del tutto e il tutto alla luce di ogni particolare, e si finge nuove ipotesi e impensate prospettive, con tutta l'ingegnosa abilità che può suggerire uno sguardo innamorato e fedele, che vuol vedere tutto com'è veramente, e nella visuale che si addice all'oggetto considerato, nella prospettiva voluta dall'intima natura della cosa, nel rapporto richiesto dalla vera essenza dell'interpretato. L'interpretante sempre tenta di verificare, di scavare, di raffinare la sua interpretazione, sia sviluppando per conto proprio le possibilità che ha creduto di poter rinvenire nella forma interpretata, sia costringendosi a porsi in nuovi punti di vista che gli sembrino più adeguati a «vedere» la forma, per sintonizzarla meglio, per istituire una congenialità con essa, e ciò fa affermandosi in uno sforzo di fedeltà per cui diventa tutto sguardo, non perduto nell'oggetto, ma sguardo che scruta e indaga e si figge, e, veramente, «guarda», per «vedere» veramente. Infinito, dunque, il processo dell'interpretazione, perché fin tanto che c'è conoscenza, non c'è interpretazione che sia definitiva, e non sia soggetta a un perpetuo moto di revisione inteso a una sempre maggiore adeguazione.

Ma ciò che interessa notare è che, se solo la forma può essere interpretata, anzi esige d'esserlo, e solo la persona può interpretare, anzi esige di farlo, l'interpretazione è sempre, insieme, un dichiarare l'oggetto interpretato e un dichiararsi dell'interpretante, perché l'oggetto è sempre mantenuto in una sua definita e puntuale indipendenza e il soggetto è sempre atteggiato nei suoi particolari punti di vista e nel suo personalissimo modo di vedere. L'interpretazione è una conoscenza in cui l'oggetto si rivela nella misura in cui il soggetto si esprime. L'indipendenza dell'interpretato e la personalità dell'interpretante non sono ostacoli all'interpretazione, ma ne sono l'unica condizione possibile: non la impediscono, ché anzi la costituiscono. L'interpretante non coglie l'oggetto senza esprimere sé stesso, e solo esprimendo sé stesso riesce a fissare l'oggetto nella sua definitezza; il che fa sì che l'interpretazione possa essere adeguazione soltanto come congenialità, scoperta soltanto come affinità, visione soltanto come sintonizzazione, in un processo concreto in cui forma interpretata e persona interpretante concrescono mantenendo ciascuna l'indipendenza del proprio sviluppo. L'interpretazione, infatti, è un «incontro», in cui la persona interpretante non rinuncia a sé stessa nemmeno nel più impersonale sforzo di fedeltà, il quale anzi consiste nel dispiegare un abilissimo sforzo d'inventiva originalità, e la forma interpretata continua a vivere di vita propria, non lasciandosi esaurire da nessuna interpretazione, ma piuttosto tutte suscitandole e alimentandole e favorendole.[4]

Il Raimondi, nel passo sopra citato, sostiene che per il Pareyson, essendo la forma «la conclusione di un movimento», essa è «da afferrare con un ulteriore e differente movimento, se non, prestando orecchio all'equivoco deliberatamente musicale dell'immagine, in una ''esecuzione''». Ora, a noi pare che l'affermazione del Raimondi sia priva di fondamento, perché, da una parte, il «movimento» dell'interpretazione, nell'inseparabilità di «ricerca» e «scoperta», pervenendo, come sua conclusione, alla contemplazione e al godimento del bello, è ben altra cosa dalla sua riduttiva semplificazione (A), e, dall'altra, il concetto pareysoniano di «esecuzio-

---

[4] *Ivi*, pp. 185-189.

Quanto piatto sia il riferimento del Raimondi alla definizione pareysoniana del concetto di interpretazione («conoscenza di forme da parte di persone») lo si può riscontrare alla lettura delle acute osservazioni del Vattimo sulle implicazioni ontologiche di quella fondamentale definizione, così aperta a scavi e a sviluppi: G. Vattimo, *Pareyson dall'estetica all'ontologia*, «Rivista di estetica», XXXII (1993), 40-41, p. 6 sgg.

ne» non si presta affatto all'«equivoco deliberatamente musicale dell'immagine», cioè al "movimento", ma, al contrario, si oppone all'opinione corrente che considera l'esecuzione una esclusiva esigenza della musica e del teatro, e non delle altre arti, distinguendo la «realizzazione», cioè l'esecuzione vera e propria, dalla «decifrazione» e dalla «mediazione» (B):

A) L'interpretazione ha due aspetti. Per un verso, infatti, essa è movimento diretto a cogliere il vero senso delle cose, a fissarlo in un'immagine penetrante ed esauriente, a «renderlo» in una figura vivace e adeguata. Movimento, questo, che ha molte cadenze e inflessioni; ora va lento e guardingo e ora procede veloce e spedito, ora sembra andare a caso e senza guida e ora si concentra attentamente in una direzione, ora segue ardito e sicuro una via e ora s'interrompe per tentare un altro cammino; ma è sempre movimento, ricerca che tende a prolungarsi infinitamente, a risorgere a ogni interruzione, a rigenerarsi in virtù della sua stessa tensione. Infatti l'irrequietezza e mobilità di questo movimento non è dovuta alla mutevolezza e all'incostanza tipica della disattenzione, ché, anzi, proprio dall'attenzione si genera, ora concentrata in un'investigazione programmatica e metodica, ora scandita in tentativi slegati che si scambiano facilmente con un procedimento svagato. Questo movimento è, come abbiamo visto, un processo di produzione, perché consiste nel figurare le immagini in cui racchiudere il senso delle cose: è una produzione di forme, e cioè di immagini in cui l'interpretazione culmina e si conclude. Ma, pur essendo potenzialmente infinito, non si giustifica di per sé stesso; ché tende a un termine: tende a trovare il vero senso delle cose, a formare l'immagine in cui fissarlo, a produrre una forma che viva in sé stessa e di vita propria, determinata in una definitezza precisa e singolare. Questo movimento, cioè, tende alla quiete in cui posare e fermarsi: e questo è precisamente il secondo aspetto dell'interpretazione.

Per l'altro verso, infatti, l'interpretazione è quiete e stasi: è la quiete del trovamento e del successo, è la stasi del possesso e della soddisfazione. È questo il culmine dell'interpretazione, il momento in cui essa può dire: «ecco il senso, il vero senso della cosa»; il momento in cui la cosa non è più soltanto proposta, appello, richiamo, e l'interpretante non è più domanda, interrogazione, ricerca, ma il movimento s'è quetato nel trovamento, e la ricerca ha avuto esito, e la domanda ha ottenuto risposta: l'occhio, che prima acuiva lo sguardo, ora mira e ammira, intento e soddisfatto, e si posa compiaciuto sul tutto e sulle parti, lieto d'aver trovato la legge di coerenza che tutto collega in una totalità definita, contento di aver colto il centro donde circola la linfa ovunque e il soffio che anima e dà vita alla forma interrogata; l'interpretante ora posa serenamente quello sguardo che prima volgeva a scrutare e perscrutare, inquieto e insoddisfatto, e converte la vigile e mossa attenzione di prima in una contemplazione calma e immobile, e non si domanda più nulla, placato l'urgere incessante delle interrogazioni. Il movimento ristà, pago dell'adeguazione fra l'immagine in cui s'è racchiusa l'interpretazione e la cosa che si cercava d'interpretare: non v'è più luogo a domande, e l'irrequieto interpretante si fa quieto contemplante. Eppure questa quiete è solo una pausa, questa stasi è solo una sosta: tosto il movimento riprende: nuovi aspetti si offrono, nuovi punti di vista urgono, nuove domande si pongono, e sorge il desiderio di migliorare, di integrare, di approfondire. E così, di sosta in sosta, il cammino continua, allietato da pause e desideroso di quiete, ma intanto alacre, attento, vigile, aperto ad accogliere ogni nuovo spunto e pronto a sfruttare la congenialità istituita da ogni nuova emozione.

Due aspetti dunque, nell'interpretazione: per un verso un movimento, esperto di tutti i rischi della ricerca esposta al fallimento e all'insuccesso e dell'irrequietezza mossa e diretta dall'attenzione, e per l'altro una quiete, ferma nel successo della scoperta e nell'appagamento dell'attesa; per un verso un incessante processo di produzione, ch'è infinito eppure trae giustificazione dal suo termine, e per l'altro la calma contemplazione, ch'è quiete e stasi, eppure, in quanto include e genera movimento, è soltanto sosta e pausa.[5]

B) Ma quanto siano attive la lettura e la contemplazione dell'opera d'arte appare soprattutto dal fatto che leggere significa eseguire, ed eseguire significa far vivere l'opera della sua stessa vita e renderla presente nella pienezza della sua realtà sensibile e spirituale. Si tratta d'una attività simile a quella di chi esegue un testo musicale o drammatico: chiamare il testo alla sua vita e attuarne la realtà originaria; trarre l'opera dalla sua apparente immobilità per ridarle il suo palpito; far sì che quell'insieme di suoni, di voci, di gesti che l'interprete compie *sia* l'opera stessa nella sua piena e compiuta realtà. Quel tipo di attività che esercitano sia l'interprete musicale che l'interprete drammatico – i quali, nell'atto di trarre l'opera dalla pagina a cui essa è consegnata in una scrittura convenzionale e nell'atto di presentarla al pubblico, la «realizzano», cioè la fanno vivere, le ridanno la sua realtà – quel tipo di attività, dunque, non è specifico della musica e del teatro, ma si estende a tutte le arti.

Questa tesi non è conforme al punto di vista corrente, che rimane tenacemente attaccato all'idea che solo la musica e il teatro richiedono esecuzione, e che su questo punto c'è netta distinzione fra queste due arti e le altre. Ma, a ben guardare, tale pregiudizio deriva da un equivoco: cioè dal pensare che l'esecuzione vera e propria, vale a dire la «realizzazione», si riduca a quella decifrazione d'una scrittura convenzionale o a quella

---

[5] *Ivi*, pp. 190-191.

presentazione dell'opera al pubblico, con le quali essa solitamente si accompagna in quelle arti. Tanto nella musica che nel teatro la «realizzazione» dell'opera è indivisibilmente connessa con la decifrazione d'una scrittura simbolica, qual'è quella della partitura e del copione, e con l'opera di mediazione che l'interprete svolge fra l'opera e il pubblico, ma non s'identifica con queste due ultime operazioni. Se invece si scambia quell'indivisibilità per una vera e propria identità, se cioè si sostiene che l'esecuzione consiste essenzialmente o nel decifrare una scrittura simbolica e convenzionale o nel presentare un'opera d'arte al pubblico o in queste due cose insieme, allora ne discende inevitabilmente la conseguenza che l'esecuzione riguarda solamente certi tipi di arte e non altri. In primo luogo, infatti, se eseguire significa decifrare una scrittura simbolica e convenzionale, allora assume un'importanza decisiva la distinzione fra le arti che si possono consegnare a tale scrittura e quelle che sono interamente presenti nei loro segni fisici. Mentre in queste ultime, che sono soprattutto arti visive, l'esistenza artistica si identifica senza residuo con l'esistenza fisica che serve a conservarle, invece nelle prime, che sono essenzialmente arti sonore, queste due esistenze sono distinte, giacché l'esistenza fisica destinata a conservarle implica un mezzo, quale la scrittura alfabetica o la notazione musicale, che le affida alla pagina stampata o al pentagramma, tutte cose che non hanno di per sé la menoma rilevanza artistica. Alle prime, fra le quali rientrano sicuramente la poesia, la musica, il teatro, non si accede se non attraverso la decifrazione della loro esistenza convenzionale, mentre le seconde, che comprendono certamente la pittura e la scultura, basta guardarle in quel loro aspetto sensibile che le contiene interamente. Sembra dunque che solo le prime e non le seconde richiedano esecuzione, perché solo esse son consegnate a una scrittura simbolica da decifrare. In secondo luogo, se eseguire significa presentare un'opera al pubblico, balza in primo piano la distinzione fra le arti che generalmente acquistano la loro esistenza e realtà artistica solo nel corso d'una mediazione fra il pubblico e l'opera e quelle che invece rivelano la loro realtà artistica senza intervento di mediatori: sembra dunque esservi distinzione fra le arti che richiedono l'opera dei mediatori, quali sono appunto la musica e il teatro, e tutte le altre, le quali, non avendo bisogno di tal mediatore, non richiederebbero esecuzione. Ma la situazione non è così netta come appare a un primo sguardo e come sembra al punto di vista corrente. S'impongono alcune precisazioni, dirette a distinguere, in ciò che di solito si chiama «esecuzione», tre aspetti diversi: la decifrazione, la mediazione e la realizzazione; e a mostrare che solo quest'ultima contiene ciò che è essenziale all'esecuzione, e riguarda tutte le arti indistintamente.

Per quanto riguarda il primo caso, bisogna notare anzitutto che ci sono arti che, pur offrendosi alla vista e non all'udito, e quindi pur presentandosi in segni fisici che ne costituiscono il corpo e la realtà artistica, sono passibili di notazioni convenzionali e simboliche. Si tratta, come opportunamente è stato notato, dell'architettura e della danza; ed è notevole osservare che si tratta proprio dei due casi in cui è rispettivamente massima e minima la distanza fra la creazione e l'esecuzione, perché nell'architettura l'impresario è sempre diverso dall'architetto, e in ogni caso ha funzioni ben diverse, mentre nella danza spesso il danzatore è autore ed esecutore insieme, e in ogni caso il coreografo condiziona la propria invenzione al danzatore di cui dispone, creando le sue danze apposta per lui. Certo, si tratta di notazioni convenzionali che non sempre sono così precise come quelle musicali e letterarie, specie nel caso della danza; ma non bisogna dimenticare che anche nella scrittura alfabetica, e ancor più nella notazione musicale, c'è più approssimazione che precisione, e che spesso il musico o il poeta o il drammaturgo sentono l'insufficienza della scrittura e delle indicazioni e delle didascalie per trasmettere le loro intenzioni, e manifestano in più modi questa loro insoddisfazione. In ogni modo la realtà artistica dell'architettura e della danza può venir affidata a notazioni scritte, le quali possono persino permettere all'intenditore di «leggere» l'opera non ancora eseguita, eseguendola mentalmente nell'atto stesso di decifrare la scrittura simbolica. In secondo luogo leggere un'opera d'arte non significa soltanto sonorizzarla, come può parere a chi riduce l'esecuzione a decifrazione d'una scrittura convenzionale, consegnata a una pagina che di per sé non ha nulla di artistico. Leggere un'opera d'arte può anche voler dire «visivizzarla», giacché l'esistenza d'un dipinto al buio è altrettanto lontana dalla sua esistenza artistica di quanto non sia la semplice partitura dall'esecuzione pubblica d'un'opera musicale; e tutta l'attività che ci vuole per passare dalla semplice partitura d'un pezzo di musica alla sua realtà artistica completa e sonora, ci vuole anche per passare da un dipinto al buio a quel modo di prospettarlo e d'illuminarlo che ne realizza ed evidenzia tutta la realtà artistica. In ogni caso si tratta di sonorizzare e visivizzare nel modo voluto dall'opera stessa, sì da farla vivere com'essa stessa vuol vivere; il che senza dubbio riguarda tutte le arti, anche quelle visive, in cui lo sguardo non si limita a registrare passivamente, ma realmente «esegue», cioè ricostruisce la realtà vivente dell'opera, moltiplicando le prospettive e scegliendo i punti di vista, e dando rilievo a certe linee rispetto ad altre, e notando i toni e i rapporti e i contrasti e i rilievi e le ombre e le luci, insomma dirigendo e regolando e operando la «visione».

Per quanto riguarda il secondo caso, bisogna riconoscere in primo luogo che il numero delle arti che possono richiedere l'intervento d'un mediatore è maggiore di quanto non paia a un primo sguardo, il che riduce di molto quella distinzione, che su questo punto pareva radicale, fra il teatro e la musica da un lato e tutte le altre arti dall'altro. Ecco anzitutto la poesia, che in una società analfabeta *esige* il mediatore e in una società colta lo *auspica*, come attestano i diversi casi dei rapsodi e dei cantastorie popolari, dei giullari e dei moderni dicitori o declamatori. È evidente che ove la scrittura è universalmente ignorata la poesia non ha altra esistenza che quella sonora, cioè la sua vera e propria realtà artistica, la quale s'offre al «lettore», o meglio «ascoltatore», direttamente, senza necessità di decifrazione alcuna, ma appunto perché c'è la mediazione dell'esecutore. E là ove tutti possono accedere direttamente alla poesia, perché questa circola ampiamente in libri stampati che ognuno sa leggere, può nascere il gusto di particolari esecuzioni, che la realizzino in determinate interpretazioni: rinascono allora i mediatori anche in poesia, non più espressione d'una prima necessità ma d'un lusso raffinato. Ecco inoltre le stesse arti visive, giacché opera, benché non vistosa, di mediatore è quella dei direttori di musei e degli organizzatori di esposizioni, che ambientano e illuminano il quadro e la statua preparando e suggerendo il punto di vista da cui guardarli, e degli urbanisti, quando creano intorno a un edificio o a un monumento un ambiente congeniale che lo faccia vivere nel suo mondo o lo metta nel dovuto risalto o ne offra una prospettiva illuminante e rivelativa, e dei cinematografisti, quando presentano in un documentario un'opera pittorica o architettonica, e approfittano delle possibilità offerte dall'obiettivo e dal montaggio per fornire un occhio interpretante e per realizzare, in modo ben più ampio ed efficace che non sia possibile all'occhio e agli sguardi dell'uomo, quella «danza» intorno al monumento che sa trasformare l'immobilità in movimento e lo spazio in tempo. Solo in quelle che chiamerei «arti figurative mosse» manca interamente il mediatore: nel cinema e nella danza, infatti, l'opera nasce con lo spettacolo e vi si esaurisce, e lì soltanto è compiuta, completamente presente nei segni fisici che si succedono nel tempo sullo schermo o sulla scena. La sceneggiatura d'un film non è un testo compiuto da eseguire, ma una tappa del processo creativo; e gli attori cinematografici e i danzatori non sono propriamente esecutori-interpreti di un'opera già compiuta, ma o «materia» nelle mani del regista e del coreografo, oppure collaboratori della sua creazione, quasi coautori, oppure, addirittura, materia e autori insieme, caso interessante di autore che inventa e crea adottando per materia il proprio corpo. La realtà artistica del film e della danza consiste interamente nella pellicola in quanto proiettata sullo schermo e nella successione di figure che il danzatore traccia col proprio corpo; salvo i rari casi di notazioni per conservare una danza, non c'è, in tali arti, un testo che sia compiuto indipendentemente dalla realizzazione che l'autore ne fa, e che quindi richieda l'opera del mediatore. In secondo luogo non bisogna dimenticare che in tutte queste arti l'intervento del mediatore non è indispensabile, tant'è vero che in alcune arti va scomparendo, come nella poesia; e in altre si presenta solo in certe circostanze, come nelle arti visive; e anche là ove maggiormente sembra necessario, come nella musica e nel teatro, talvolta manca, nel senso che lo stesso autore è esecutore, e l'opera nasce davanti al pubblico nell'atto stesso della presentazione, sì che l'attore è più autore che mediatore: è il caso della commedia dell'arte e dell'improvvisazione musicale, dove il canovaccio e il tema non sono testi compiuti, che in quanto tali mutano ogni interprete in mediatore, ma spunti e abbozzi, e quindi tappe del processo creativo.

Un'ulteriore riflessione su queste due ultime osservazioni mostrerà anche più chiaramente che l'esecuzione non si riduce all'opera dei mediatori. Infatti, in primo luogo la mediazione non sostituisce per nulla l'esecuzione, giacché, mentre è inseparabile dall'esecuzione e «realizzazione» data dall'interprete pubblico, non dispensa dall'esecuzione che lo spettatore o l'uditore devono dare per conto loro, se devono in qualche modo accedere all'opera: vedere un dramma a teatro o sentire un concerto nell'auditorio non significa limitarsi a registrare passivamente, perché il vedere e l'udire presuppongono il guardare e l'ascoltare, cioè implicano che si dia, dell'opera che si guarda e che s'ascolta, una propria esecuzione, che la faccia vivere secondo quella che lo spettatore o l'uditore ritengono che sia la sua vita. Rispetto a questa esecuzione del pubblico quella del mediatore si trova nella duplice condizione di proporsi di dirigerla e di sollecitarne il giudizio: infatti, per un verso il mediatore, lungi dal sostituire la propria esecuzione a quella del pubblico, intende piuttosto facilitarla suggerirla regolarla, e per l'altro lo spettatore e l'uditore, per giudicare dell'esecuzione del mediatore, non hanno altro criterio che la propria esecuzione, che per loro coincide con l'opera stessa. Inoltre, quando manca la mediazione, non per questo cessa l'esecuzione, il che mostra quanto quella sia contingente e inessenziale, e quanto questa sia invece indispensabile e necessaria. Il teatro letto sarà diversissimo da quello visto o udito, ma anch'esso mira a una ricostruzione, sia pure ideale e interna, dello spettacolo: il sagace lettore di drammi, che siano nati per lo spettacolo, non commetterà l'errore di leggerli come se si tratasse d'un testo composto per la sola lettura, alla stregua d'un romanzo, ma li animerà su un palcoscenico ideale, conferendo a ogni parola quel sussidio del gesto e del tono con cui essa è stata originariamente concepita; e leggere un dramma è lo stesso che leggere una musica per l'abile musicista che scorrendo con gli occhi la partitura la sonorizza interiormente, superando d'un balzo la strumentalità della notazione e rendendo il pentagramma trasparente alla realtà sonora; e non riesce a gustare la poesia chi nel leggerla non la sonorizza interiormente, e cioè non la proferisce dentro di sé come crede ch'essa voglia essere pronunciata, perché le parole non sono veramente tali se sono scompagnate dalla loro condizione corporea, se non vengono restituite a quella voce che originariamente le proferì, se non sono interpretate dall'accento, dall'intonazione, dalla mimica ch'esse reclamano e in cui vogliono essere incarnate. Potrà questa esecuzione interiore essere imperfetta, e chi la compie esser incapace di estrinsecarla da quell'interiorità in cui la limita, ma ciò non cambia la natura delle cose.

Tutte queste osservazioni bastano certamente a mostrare che l'esecuzione non si riduce a decifrare o mediare. Queste operazioni sono casi particolari dell'esecuzione, che pongono certamente gravi problemi, come l'insufficienza delle notazioni musicali, l'importanza che in poesia può avere la pagina vista, l'influsso della presenza d'un pubblico, la speciale tecnica dell'esecutore-mediatore, in che senso egli possa o debba essere chiamato artista, in che rapporto stiano in lui l'invenzione e la ripetizione, la spontaneità e l'automatismo, l'espressione e l'esercizio, l'interpretazione e la decifrazione, e così via. In ogni caso, sia che si tratti di decifrare o solo di guardare, sia che l'esecuzione sia divisa fra mediatore e spettatore o riunita nel solo lettore, sta di fatto che l'esecuzione, intesa come «realizzazione» che fa vivere l'opera della sua stessa vita e la fa essere nella sua stessa realtà artistica, riguarda tutte le arti, e non si accede all'opera se non eseguendola. Quando dunque, per alludere a questa necessità d'esecuzione che l'opera d'arte in quanto tale possiede, si fa riferimento alla musica e al teatro, ciò accade perché in tali arti questa «realizzazione» ha un aspetto più evidente e vistoso, e quindi più adatto a esemplificare e concretare un'idea generale, e non perché l'esecuzione significhi decifrazione o mediazione, aspetti che nella musica e nel teatro, e anche in altre arti, vanno congiunti con quello della «realizzazione», ma in nessun modo vi s'identificano.[6]

Se prima il Raimondi aveva visto il Pareyson condizionato da una suggestione "musicale", ora lo vede condizionato da una suggestione "figurativa": «ma la suggestione figurativa della "forma" è troppo immediata perché il Pareyson se ne sciolga: ed eccolo, da ultimo, definire l'accesso all'invenzione "uno sforzo personale di penetrarla e rivelarla", se "ciò che è stato formato è accessibile solo a chi ne colga il disegno creativo"». Ma il «disegno creativo» (altro che suggestione "figurativa"!) non è che la considerazione dinamica della forma, che costituisce poi la motivazione teorica della «critica delle varianti», non a caso sempre decisamente combattuta dal Croce, per la sua concezione dell'identità di intuizione ed espressione:

---

[6] L. Pareyson, *Lettura dell'opera d'arte*, in Id., *I problemi dell'estetica*, cit., pp. 195-203.

L'opera d'arte dichiara il suo essere di forma solo se la si toglie dalla sua apparente immobilità e se la si coglie nell'atto in cui, concludendo il processo della sua produzione, si conforma alle proprie esigenze: bisogna cogliere l'atto in cui l'opera giunge a soddisfare l'attesa ch'essa stessa ha provocato. Il lettore deve saper penetrare nella vita intima della forma, per vederla agire prima ancora di esistere; deve dispiegare il movimento della sua formazione sino a comprendere ch'esso non poteva né doveva concludersi che in quel punto; deve saper rintracciare in ciò ch'è stato fatto ciò che andava fatto, sì da riconoscere nell'opera qual'è l'opera quale voleva essere, e nella sua legge di coerenza la legge della sua organizzazione; deve insomma introdursi nella fucina segreta dell'artista, non per trarne la storia completa della sua operazione, ma per coglievi all'origine la legge di perfezione della sua opera.

Se la considerazione d'un'opera d'arte dev'essere dinamica, ciò è perché dinamica è appunto la sua perfezione: la perfezione dell'opera è il compimento proprio della riuscita, non un gioco di corrispondenze; è la totalità d'un processo che vi si è concluso, non l'equilibrio d'una costruzione; è l'immodificabilità di ciò ch'è definitivo perché non può concludersi che nel punto in cui il processo s'è compiuto, non la necessità d'un ordine stabilito o d'un canone assoluto. Se la considerazione dinamica dell'opera è la sola che riesca a coglierne la perfezione, la totalità, l'immutabilità, ciò è perché essa sola è in grado di cogliere il processo di produzione nell'atto di tendere alla propria riuscita e di fermarsi nel punto in cui soltanto può concludersi; col che si giunge a cogliere l'opera nella sua perfezione, e a capire perché essa non può essere se non così com'è, e le sue parti non possono essere se non quelle che sono.[7]

[...] Bisogna tener presente che l'opera d'arte in quanto tale è essenzialmente oggetto d'una *considerazione dinamica*: essa svela la sua perfezione solo a chi sa considerarla come la conclusione d'un processo, a chi sa captarne e delinearne il disegno creativo, a chi sa riscattarla dalla sua apparente immobilità per coglierla nel movimento donde è nata; e infatti nella contemplazione l'occhio non è immobile, ma percorre l'opera da parte a parte, e circola attraverso la legge di coerenza che la stringe in una struttura perfetta e in una totalità indivisibile, e coglie l'opera nell'atto di giungere ad essere com'essa stessa voleva essere, e di adeguarsi con sé, e di approvarsi qual è risultata; attivissimo stato questo, che non ha nulla dell'abbandono e della perdita di sé, perché implica piuttosto

---

[7] L. Pareyson, *Contemplazione del bello e produzione di forme*, in Id., *Teoria dell'arte*, Milano, Marzorati, 1965, pp.133-134. Il saggio fu pubblicato la prima volta in francese: *Contemplation du beau et production de formes*, «Revue internationale de Philosophie», 1955, 1, pp. 16-32.

una presa di possesso, un'affermazione di dominio, una vera e propria conquista dell'opera d'arte.[8]

Non si può considerare la posizione di un pensatore nobile e profondo come il Pareyson, prelevando a orecchio un passo da una, sia pur eccellente, antologia degli scritti, senza la conoscenza sistematica di una riflessione speculativa sull'esperienza estetica tra le più alte di questo secolo, e andando semmai a cercar luce fuori di casa, con il rischio di cadere nella forma peggiore di provincialismo.

---

[8] L. Pareyson, *Lettura dell'opera d'arte*, in Id., *I problemi dell'estetica*, cit., p. 195.

INDICE DEI NOMI

INDICE

Finito di stampare nel mese di aprile 1994
dalla TIBERGRAPH s.r.l. - Città di Castello (PG)

UNIVERSITÀ DI PADOVA

PUBBLICAZIONI DELLA FACOLTÀ DI LETTERE E FILOSOFIA

1. *Fonti per la storia della religione cyrenaica.* Raccolte e commentate da L. Vitali. 1932, XXII-168 pp.

2. RIGOBON, M., *Il teatro e la latinità di Hrotsvitha.* 1932, XII-42 pp.

3. VISCARDI, A., *Saggio sulla letteratura religiosa del Medio Evo Romanzo.* 1932, XII-122 pp. Ristampa 1968.

4. BETTINI, S., *La pittura di icone cretese-veneziana e i madonneri.* 1933. Esaurito

5. GIULIANO, M. L., *Cultura e attività calligrafica nel secolo XII a Verona.* 1933, XVI-104 pp., con 17 ill. in 12 tavv. f.f.

6. PAGNIN, B., *Le origini della scrittura gotica padovana.* 1933, XII-96 pp., con 12 tavv. f.t.

7. ZANCAN, P., *Il monarcato ellenistico nei suoi elementi federativi.* 1934. Esaurito

8. ZANCAN, L., *Ager publicus. Ricerche di storia e di diritto romano.* 1935. Esaurito

9. LIBERALI G., *La dominazione carrarese in Treviso.* 1935, X-208 pp.

10. CAPONE, G., *L'arte scenica degli attori tragici greci.* 1935, VIII-120 pp.

11. NUTRIMENTO, L., *La definizione del bene in relazione al problema dell'ottimismo.* 1936, XII-92 pp.

12. BASSI, E., *Giannantonio Selva architetto veneziano.* XVI-144 pp. con 113 ill. in 81 tavv. f.t.

13. DAL PRA, M., *Il realismo e il trascendente.* 1937, XXVIII-168 pp.

14. CRISTOFARI, M., *Il codice marciano it. XI, 66.* 1937, VIII-96 pp.

15. CAPONE, G., *L'Omero alessandrino. I ventiquattro libri della Iliade e della Odissea.* 1939, VIII-144 pp.

16. ZANCAN, P., *La crisi del Principato nell'anno 69 d.C.* 1939. Esaurito

17. RUMOR, M., *Giuseppe Giacosa. Saggio.* 1940, XII-204 pp.

18. PIPERATA, C., *Giuseppe Bernardino Bison (1762-1844).* 1940, X-80 pp., con 30 ill. in 27 tavv. f.t.

19. MADDALENA, A., *Sulla cosmologia ionica da Talete a Eraclito. Studi.* 1940. Esaurito

20. SAMBIN, P., *L'ordinamento parrocchiale di Padova nel Medioevo.* 1941, VIII-88 pp.

21. MADDALENA, A., *Interpretazioni erodotee.* 1942, VIII-104 pp.

22. VISCIDI, F., *I prestiti latini nel greco antico e bizantino.* 1944, IV-68 pp.

23. MARCHENTE, C., *Ricerche intorno al «De principibus carrariensibus et gestis eorum liber» attribuito a Pier Paolo Vergerio seniore.* 1946, VI-68 pp.

24. GUARNIERI ORTOLANI, A. M. V., *Saggio sulla fortuna di Dostoevskij in Italia.* 1947, 132 pp.

25. PELLEGRINI, G., *Contributo allo studio della romanizzazione della provincia di Belluno.* 1949. Esaurito

26. SARTORI, F., *La crisi del 411 a.C. nell'Athenaion politeia di Aristotele.* 1951, VIII-136 pp.

27. POLACCO, L., *Tuscanicae dispositiones. Problemi di architettura dell'Italia protoromana.* 1952, XII-160 pp., con 7 tavv. f.t.

28. BACCETTI POLI, R., *Saggio di una bibliografia dei gerghi italiani.* 1953, XXIV-216 pp.

29. SEMENZATO, C., *L'architettura di Baldassare Longhena.* 1954, IV-84 pp. con 38 ill. in 23 tavv. f.t.

30. VENTURA, A., *Lineamenti costituzionali del Governo provvisorio di Venezia nel 1848-49.* 1955, VIII-138 pp.

31. TAGLIAVINI, L. F., *Studi sui testi delle cantate sacre di J. S. Bach.* 1956, XII-292 pp.

32. QUAGLIO, A. E., *Le chiose all'elegia di Madonna Fiammetta.* 1957, VIII-216 pp.

33. *Sculture greche e romane di Cirene. Scritti di L. Polacco, L. Beschi, F. Bertocchi, G. Traversari, E. De Franchi, M. T. Fortuna.* Presentati da Carlo Anti. 1959, 338 pp. con 102 ill.

34. PADOAN, G., *L'ultima opera di Giovanni Boccaccio. Le «esposizioni sopra il Dante».* 1959, VIII-120 pp.

35. BEVILACQUA, E., *La Carnia. Saggio di geografia regionale.* 1960, VIII-204 pp. con 52 ill.

36. CHIEREGHIN, F., *L'influenza dello spinozismo nella formazione della filosofia hegeliana.* 1961, 192 pp.

37. DEGANI, E., ΑΙΩΝ *da Omero ad Aristotele.* 1961, 164 pp.

38. BERTI, E., *La filosofia del primo Aristotele.* 1962, 592 pp.

39. PASTORE STOCCHI, M., *Tradizione medievale e gusto umanistico nel «De Montibus» del Boccaccio.* 1963, 96 pp.

40. CHIEREGHIN, F., *Storicità e originalità nell'idea platonica.* 1963, 144 pp.

41. SAVINI BRANCA, S., *Il collezionismo veneziano nel '600.* 1965, 376 pp.

42. RENZI, L., *Tradizione cortese e realismo in Gautier D'Arras*. 1964, XX-228 pp.

43. BORTOT, R., *L'hegelismo di Bertrando Spaventa*. 1968, 128 pp.

44. CAPUIS, L., *Alkamenes. Fonti storiche e archeologiche*. 1968, 92 pp. con 9 tavv. f.t.

45. BRANCA, D., *I romanzi italiani di Tristano e la Tavola Ritonda*. 1968, 240 pp.

46. SECCHI, A., *Antonio Foscarini, un patrizio veneziano del Seicento*. 1969, 116 pp.

47. BAGNARA, M., *Le Alpi orientali in epoca classica. Problemi di orografia storica*. 1969, 132 pp. con 18 ill.

48. PECORELLA LONGO, C., *«Eterie» e gruppi politici nell'Atene del IV sec. a.C.* 1971, 162 pp.

49. MANCINI, M., *Società feudale e ideologia nel «Charroi de Nîmes»*. 1972, VI-212 pp.

50. VANOSSI, L., *La teologia poetica del «Detto d'Amore» dantesco*. 1974, VI-132 pp.

51. CIANI, M. G., ΦΑΟΕ *e termini affini nella poesia greca*. 1974, VIII-192 pp.

52. NICULESCU, A., *Strutture allocutive pronominali reverenziali in italiano*. 1974, VIII-168 pp.

53. GARDENAL, G., *Poliziano e Svetonio. Contributo alla storia della filologia umanistica*. 1975, VI-102 pp.

54. CALDIRON, O., *Claude Lévi-Strauss. I fondamenti teorici dell'antropologia strutturale*. 1975, VIII-180 pp.

55. FAVARO, E., *L'arte dei pittori veneti e i suoi statuti*. 1975, 264 pp.

56. SCARPI, P., *Lettura sulla religione classica. L'inno omerico a Demeter*. 1976, XII-260 pp. con 4 tavv. sinottiche ripiegate.

57. *Memoria di Seferis*. Studi critici a cura della Cattedra di Neogreco. 1976, VI-346 pp.

58. MARIN, A., *Le rime di Inghilfredi*. 1978, VI-166 pp.

59. GANGUZZA BILLANOVICH, M. C., *L'umanista feltrino Antonio da Romagno eil suo «Liber de paupertate»*. 1980, X-90 pp.

60. MELCHIONDA, M., *Gli «Essayes» di Francis Bacon*. 1979, VIII-664 pp.

61. BRUNETTI, G., *Figure swiftiane*. 1984, VI-182 pp.

62. TURATO, F., *Prometeo in Germania. Storia della fortuna e dell'interpretazione del* Prometeo *di Eschilo nella cultura tedesca (1771-1871)*. 1988, IV-214 pp.

OPUSCOLI ACCADEMICI

Editi a cura della Facoltà di Lettere e Filosofia dell'Università di Padova

1. FERRABINO, A., *L'Italia nella storia delle Nazioni*. 1937, VI-48 pp.

2. VALGIMIGLI, M., *Francesco De Sanctis*. 1937, 34 pp.

3. STEFANINI, L., *Inquietudine e tranquillità metafisica*. 1937, 32 pp.

4. BUSETTO, N., *Il senso storico e l'idealizzazione epica della storia nella poesia italiana*. 1937, 30 pp.

5. BODRERO, E., *Augusto*. 1938, 28 pp.

6. MARCHESI, C., *Augusto fra i poeti e gli storici del primo secolo*. 1938, 24 pp.

7. TROILO, E., *Averroismo e aristotelismo padovano*. 1939. Esaurito

8. SILVIA, G. - TROILO, E., *Copernico*. 1944, 72 pp.

9. BRANCA, V. - RICCI, P. G., *Un autografo del Decameron (Codice Hamiltoniano 90)*. 1962, 70 pp. con 14 tavv. f.t.

10. GUZZO, A., *Cinquant'anni d'esperienza idealistica in Italia*. 1964, 204 pp.

11. DIANO, C., *Scritti epicurei*. 1974, VIII-348 pp.

12. TOSO RODINIS, G., *La commedia degli intrighi e degli amori. Le più belle lettere da Napoli di Dominique Vivant Denon. (1782-1785)*. 1977, IV-252 pp. con 6 ill. f.t.

13. MARCHESI, C., *Scritti minori di filologia e letteratura*. 1979, 3 tomi indivisibili di complessive XXXVI-1382 pp. con 2 ill. f.t.

14. *Drammi masaniellani nell'Inghilterra del Seicento*. T. B. *The Rebellion of Naples (1649)*. T. D'Urfey, *I, II, Masaniello (1699)*, a cura di M. Melchionda. 1988, X-498 pp. con 4 ill. f.t.

15. FERRARINO, P., *Scritti scelti*. 1986, XII-444 pp. con 1 ill. f.t.

16. DE LUCA, I., *Tre poeti traduttori. Monti-Nievo-Ungaretti*. 1988, XVIII-318 pp.

17. BATTILANA, M., *The Colonial Roots of American Fiction. Notes Toward a New Theory*. 1988, 96 pp.

18. SAVIANE, R., *Kleist*. 1989, 112 pp.

19. SAVIANE, R., *Natura e Spirito. Il «Meister» e le «Affinità elettive» di Goethe*. 1991, IV-144 pp.

20. SAVIANE, R., *Vitalismo e nichilismo nel «Faust» di Goethe*. 1992, 142 pp.

21. FRIGO G. F. - VELLUCCI G., *Unità o dualità della* Commedia. *Il dibattito su Dante da Schelling ad Auerbach*. 1994, 128 pp. con 8 ill. f.t.

Serie Liviana

1. Marchesi, C., *Livio e la verità storica*. 1942. Esaurito

2. Ferrabino, A., *Urbs in aeternum condita*. 1942, 28 pp.

3. Zancan, P., *Floro e Livio*. 1942, 80 pp.

4. Rostagni, A., *Da Livio a Virgilio e da Virgilio a Livio*, 1942. Esaurito

5. Funaioli, G., *Il proemio alle storie di T. Livio*. 1942. Esaurito

6. Taeger, F., *Probleme der Livianischen Scipio-Ueberlieferung*, 1942, 40 pp.

7. Vogt, J., *Römischer Glaube und römisches Weltreich*. 1943, 40 pp.

8. Billanovich, G., *Lamperto di Hersfeld e Tito Livio*. 1945. Esaurito

UNIVERSITÀ DI PADOVA

ANNALI DELLA FACOLTÀ DI LETTERE E FILOSOFIA

Vol. I (1976). 1977, IV-360 pp.
Vol. II (1977). 1978, IV-380 pp.
Vol. III (1978). 1980, IV-380 pp.
Vol. IV (1979). 1980, IV-304 pp.

CASA EDITRICE LEO S. OLSCHKI - CASELLA POSTALE 66 - 50100 FIRENZE (ITALIA)